直播销售员

如何做好带货主播

陈 进 编著

清华大学出版社
北京

内 容 简 介

如何进行直播销售，快速成为网络直播红人，且收入破百万？如何让人天天关注，利用直播玩转电商销售，提升商品转化？这些问题，你都能从本书找到答案，即使是新手、菜鸟，也可成为带货达人。

本书是一本直播销售人员的提升教程，意在帮助普通销售人员转型成为网络直播销售员。全书从基础知识、主播技能、人设打造、口才提升、销售技巧、直播平台、直播准备、直播策划、标题封面、带货技巧、数据分析等方面指导销售人员掌握直播销售的技巧，提升直播带货能力。

本书适合进行直播销售的主播、短视频带货达人、各行业销售人员、电商商家、品牌企业、内容创业者、自媒体人、短视频运营人员阅读。书中详细讲解了各大直播平台的运营技巧，如果你认真研读，相信一定能够从中获得启发和灵感。

本书封面贴有清华大学出版社防伪标签，无标签者不得销售。
版权所有，侵权必究。举报：010-62782989，beiqinquan@tup.tsinghua.edu.cn。

图书在版编目（CIP）数据

    直播销售员：如何做好带货主播 / 陈进编著． — 北京：清华大学出版社，2022.8
    ISBN 978-7-302-61427-2

    Ⅰ．①直… Ⅱ．①陈… Ⅲ．①网络营销—基本知识 Ⅳ．① F713.365.2

中国版本图书馆 CIP 数据核字（2022）第 136169 号

责任编辑：贾旭龙
封面设计：闰江文化
版式设计：文森时代
责任校对：马军令
责任印制：朱雨萌

出版发行：清华大学出版社
    网　　址：http://www.tup.com.cn，http://www.wqbook.com
    地　　址：北京清华大学学研大厦 A 座　　邮　编：100084
    社 总 机：010-83470000　　邮　购：010-62786544
    投稿与读者服务：010-62776969，c-service@tup.tsinghua.edu.cn
    质量反馈：010-62772015，zhiliang@tup.tsinghua.edu.cn
印　装　者：小森印刷（北京）有限公司
经　　销：全国新华书店
开　　本：145mm×210mm　　印　张：7.625　　字　数：272 千字
版　　次：2022 年 10 月第 1 版　　印　次：2022 年 10 月第 1 次印刷
定　　价：69.80 元

产品编号：096842-01

PREFACE 前言

自2019年起，宅经济已成市场主导，直播营销进入人们日常生活的方方面面，涉及各行各业的每个角落。然而，市场的急剧变化使得各行从业人员的属性也发生了翻天覆地的变化，尤其是自媒体、电商直播、视频制作等人才的市场缺口高达54%。

权威机构统计数据信息显示：2020年互联网营销人才需求约1500万人，缺口约1000万人；2021年电商直播专业人才需求约3000万人，缺口约2100万人；到2025年，直播营销人才需求将达到约4500万人，缺口约4000万人。

正是在这种情况下，国家相关职能部门应市场需求，直播销售员这种新职业应运而生。直播销售员新工种的设立，对于促进劳动者就业创业、规范行业发展、促进产业升级、推动经济结构调整等，都将产生积极作用。

2020年7月6日，人力资源社会保障部、市场监管总局、国家统计局正式发布了"直播销售员"工种，从此带货主播成为正式工种。

"一人直播、千人挂播、万人购物"的时代来临了，如今直播销售正如火如荼地发展，注定了未来每个企业都会设置直播销售部门。

在一些职业院校里，与时俱进的相关专业，如电子商务、市场营销都要开设直播销售课程，而本书就是直播相关专业的首选教材之一。

根据笔者给学员培训的经历，现在越来越多的社会培训机构，也开设了直播员国家资格认证培训，因为越来越多的人选择个人直播创业，所以会更重视这方面的专业培训与资格认定。

随着电商直播迅速发展，抖音、快手、西瓜、哔哩哔哩、虎牙、斗鱼、蘑菇街等各大视频直播平台的业务如日中天，阿里、淘宝、百度、微博、拼多多、京东、苏宁、小红书、今日头条、网易云音乐、移动、电信、各大银行等知名企业也纷纷抢占网络直播市场，社会上各行各业更是争相开展直播业务，普通民众的业余时间也经常花在直播和看视频上。如今，直播的快速发展推动了电商的发展，"电商＋直播"的营销模式呈现出了极强的爆发力。网络主播凭借着直播的发展也在电商市场中占据着越来越重要的位置，不少人纷纷加入了直播行业，开始尝试直播带货。

本书分为11章，分别对如何做好带货主播这一问题做了详细的阐述。此外，本书还配有200多张实际操作图片进行全程解读，帮助大家快速掌握电商直播的带货技巧，成为优秀的带货达人。

最后，希望大家能够将书中的知识全部学会、学透，化为己有，这样在你踏入直播间时，就会更加得心应手了。

需要特别提醒的是，在编写本书时，笔者是基于当前各平台和软件截取的实际操作图片，但书从编辑到出版需要一段时间，在这段时间里，软件界面与功能会有调整与变化，如有的内容删除了、有的内容增加了，这是软件开发商做的更新，请在阅读时，根据书中的思路，举一反三，进行学习。

本书由陈进编著，参与编写的人员还有叶芳、王萍、赵厚池等，在此表示感谢。由于作者知识水平有限，书中难免有不足之处，恳请广大读者批评、指正。

编　者

2022 年 8 月

目录

第1章 基础知识概述 ... 001

1.1 直播行业的现状与趋势 ... 002
- 1.1.1 直播行业发展现状 ... 002
- 1.1.2 直播行业发展趋势 ... 009

1.2 直播员的产生与发展 ... 010
- 1.2.1 直播员的产生背景 ... 011
- 1.2.2 直播员的工作内容 ... 012
- 1.2.3 直播员的发展趋势 ... 015

1.3 直播销售的基础知识 ... 015
- 1.3.1 直播销售员职业素养 ... 016
- 1.3.2 直播销售相关法律知识 ... 017

1.4 本章小结 ... 018
1.5 本章习题 ... 018

第2章 打造专业主播 ... 019

2.1 学会个人包装 ... 020
- 2.1.1 好的妆容 ... 020
- 2.1.2 衣着发型 ... 021
- 2.1.3 精神面貌 ... 022

2.2 培养主播技能 ... 022
- 2.2.1 专业能力 ... 022
- 2.2.2 应对提问 ... 024
- 2.2.3 心理素质 ... 025

2.3 优秀主播要素 ... 027
- 2.3.1 直播内容 ... 027
- 2.3.2 直播设备 ... 029

2.4 本章小结 ... 039

2.5 本章习题 039

第 3 章　打造新颖人设 040

3.1 脱颖而出的主播人设 041
3.1.1 重要人设 041
3.1.2 确定类型 042
3.1.3 打造差异 043
3.1.4 清晰定位 044

3.2 主播的强 IP 属性 046
3.2.1 传播属性 046
3.2.2 内容属性 047
3.2.3 情感属性 049
3.2.4 粉丝属性 049
3.2.5 前景属性 051
3.2.6 内涵属性 053
3.2.7 故事属性 053

3.3 主播人设魅力 054
3.3.1 抓心人设 055
3.3.2 了解人设 056
3.3.3 独特人设 059
3.3.4 人设标签 061

3.4 本章小结 062
3.5 本章习题 062

第 4 章　打造一流口才 063

4.1 语言表达能力 064
4.1.1 语言能力 064
4.1.2 幽默技巧 066
4.1.3 策划内容 068
4.1.4 应对提问 070
4.1.5 留言活跃 070

4.2 卖货聊天技能 ... 073
4.2.1 感恩心态 ... 073
4.2.2 乐观心态 ... 073
4.2.3 换位思考 ... 075
4.2.4 低调谦虚 ... 075
4.2.5 适可而止 ... 075
4.3 变现语言技巧 ... 076
4.3.1 提出问题 ... 076
4.3.2 放大问题 ... 076
4.3.3 引入产品 ... 077
4.3.4 提升高度 ... 078
4.3.5 降低门槛 ... 079
4.4 本章小结 ... 080
4.5 本章习题 ... 080

第 5 章 必备销售技巧 ... 081
5.1 直播间卖货的要点 ... 082
5.1.1 转变身份 ... 082
5.1.2 管好情绪 ... 082
5.1.3 用好方法 ... 084
5.2 提高变现的销售能力 ... 086
5.2.1 解决痛点 ... 086
5.2.2 打造痒点 ... 087
5.2.3 提供爽点 ... 088
5.3 快速下单的促单技巧 ... 089
5.3.1 优惠营销 ... 090
5.3.2 种草推广 ... 091
5.3.3 介绍产品 ... 091
5.3.4 赞美用户 ... 092
5.3.5 强调产品 ... 092
5.3.6 示范推销 ... 092

5.3.7　限时优惠 094
　5.4　本章小结 094
　5.5　本章习题 094

第 6 章　各色直播平台 095

　6.1　抖音直播 096
　　6.1.1　直播入口 096
　　6.1.2　互动玩法 099
　6.2　淘宝直播 100
　　6.2.1　平台入驻 100
　　6.2.2　运营技巧 102
　6.3　快手直播 103
　　6.3.1　开通直播 103
　　6.3.2　精准运营 105
　6.4　B 站直播 107
　　6.4.1　直播玩法 107
　　6.4.2　直播规范 109
　6.5　拼多多直播 110
　　6.5.1　直播技巧 111
　　6.5.2　直播规范 114
　6.6　小红书直播 116
　　6.6.1　基本概况 116
　　6.6.2　注意事项 120
　6.7　本章小结 121
　6.8　本章习题 121

第 7 章　直播前的准备 122

　7.1　直播间布置 9 大要素 123
　　7.1.1　直播场地 123
　　7.1.2　背景装饰 124
　　7.1.3　网络设备 125

目 录

    7.1.4 灯光设置 126

    7.1.5 摄像工具 127

    7.1.6 耳麦设备 128

    7.1.7 声卡设备 129

    7.1.8 产品摆放 131

    7.1.9 隔音装置 134

7.2 了解直播分工 135

    7.2.1 主播 135

    7.2.2 助播 137

    7.2.3 数据分析 137

    7.2.4 场控 140

    7.2.5 客服 140

    7.2.6 运营 141

7.3 本章小结 142

7.4 本章习题 142

第 8 章　完善直播策划 143

8.1 细化直播模式 144

    8.1.1 垂直定位 144

    8.1.2 各端渗透 145

    8.1.3 直播创新 145

    8.1.4 标签设置 146

    8.1.5 多种行业 147

    8.1.6 合作双赢 148

8.2 确定直播内容 148

    8.2.1 内容模式 149

    8.2.2 确定方向 150

    8.2.3 产品呈现 152

    8.2.4 特点热点 155

    8.2.5 软需增值 159

    8.2.6 其他内容 161

8.3 本章小结 ... 163
8.4 本章习题 ... 163

第 9 章 标题封面设计 ... 164

9.1 掌握标题命名规律 ... 165
9.1.1 使用热词 ... 165
9.1.2 借势传播 ... 169
9.1.3 利用数字 ... 173
9.1.4 通过提问 ... 179
9.1.5 修辞表达 ... 184

9.2 规避封面设计错误 ... 186
9.2.1 原创封面 ... 186
9.2.2 标签符号 ... 187
9.2.3 画面构图 ... 187
9.2.4 尺寸大小 ... 188
9.2.5 默认版面 ... 189
9.2.6 色彩鲜艳 ... 189

9.3 本章小结 ... 190
9.4 本章习题 ... 190

第 10 章 直播带货技巧 ... 191

10.1 直播带货 5 步法 ... 192
10.1.1 取得用户信任 ... 192
10.1.2 塑造产品价值 ... 193
10.1.3 了解用户需求 ... 195
10.1.4 根据需求推荐 ... 195
10.1.5 促使用户下单 ... 196

10.2 做好直播选品 ... 196
10.2.1 根据定位选择 ... 196
10.2.2 查看产品销量 ... 197
10.2.3 亲自体验产品 ... 197

10.2.4 了解产品卖点 198
10.3 掌握带货技巧 198
  10.3.1 利用卖点提高销量 198
  10.3.2 借助用户树立口碑 199
  10.3.3 围绕产品策划段子 201
  10.3.4 展现产品自身的实力 202
  10.3.5 比较同类产品的差价 202
  10.3.6 呈现产品的使用场景 203
  10.3.7 选用专业的直播导购 204
10.4 本章小结 205
10.5 本章习题 205

第 11 章 数据分析复盘 206

11.1 转变直播策略 207
  11.1.1 用户行为 207
  11.1.2 经营指标 207
  11.1.3 带货指标 208
11.2 灵活运用数据平台 209
  11.2.1 巨量百应 209
  11.2.2 灰豚数据 213
  11.2.3 CC 数据 216
  11.2.4 蝉妈妈 219
  11.2.5 抖查查 220
11.3 优化直播数据指标 221
  11.3.1 图文吸引 221
  11.3.2 留住用户 223
  11.3.3 促成交易 225
  11.3.4 客户维护 227
11.4 本章小结 228
11.5 本章习题 228

习题参考答案 229

Chapter 01

第1章
基础知识概述

熟悉相关的行业知识，了解直播员的产生与发展，能够帮助你更好地进行直播销售，同时这也是直播销售员做好本职工作的基础。本章笔者就为大家介绍一下直播行业的现状与趋势、直播员的产生与发展以及直播销售的基础知识。

1.1 直播行业的现状与趋势

想要成为一个优秀的直播销售员,首先便要了解直播行业的现状和趋势,只有了解了这些,你才能更好地去做好直播带货。

1.1.1 直播行业发展现状

我国的直播行业最早开始于 2005 年,经过这些年的快速发展,直播带货已经成为我国经济中一股不可小觑的力量。目前,直播内容已经由一开始的才艺表演领域转向电商、游戏、教育等多个领域,并且也已经从 PC(personal computer,个人计算机)端转向了移动端。

1. 发展阶段

我国的直播行业一共经历了 4 个阶段,下面具体介绍一下这 4 个阶段。

(1)直播 1.0 阶段(2005—2011 年)。这是直播行业发展的初始阶段,这个阶段的直播内容比较单一,主要是一些秀场直播。在这个阶段的直播都是以 PC 端为主的,其模式主要分为两种,一种是聊天室模式,一种是演唱会模式。

最开始进行直播的是 9185 视频网站,然后慢慢演变成了直播平台,类似的平台有 YY 直播、六间房等。图 1-1 所示为 YY 直播的热门分类,从该图中可以看出,YY 直播的内容已经发展到了音乐、脱口秀、舞蹈等多个领域了。

图 1-1

(2)直播 2.0 阶段(2012—2014 年)。在这个阶段,由于手机游戏的快速发展,一些人就抓住了这个风口创建了游戏直播平台,如虎牙直播、斗鱼直播等。图1-2所示为虎牙直播分类情况,从图中可以看出,虎牙直播中的直播类型大部分都是以游戏为主。

图1-2

在这个阶段也是以PC端为主,直播内容逐渐开始呈现垂直化趋势。

(3)直播3.0阶段(2015—2016年)。由于移动互联网的快速发展,以及移动通信设备的广泛使用,在这个阶段,直播快速地进入了用户的视野中,同时也吸引了很多用户的关注,因此直播得到了快速发展。

在这一阶段,直播由PC端走向了移动端,内容也越来越多元化,但是相较而言,娱乐型直播的发展更快。图1-3所示为2016年不同类型的视频直播应用用户规模及增速情况。

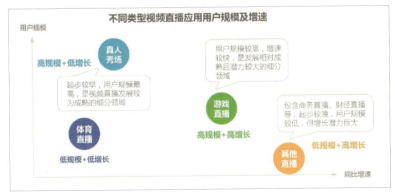

图1-3

（4）直播4.0阶段（2017年至今）。随着直播的快速发展，在这一阶段，相关部门开始对直播行业进行了规范性整顿，直播的主要平台也由PC端转向移动端，直播内容也不断向体育、教育、社交、运动等多个领域渗透。如图1-4所示，直播内容也逐渐多元化。

图1-4

2．现阶段直播行业态势

现阶段，我国直播行业最主要的两个板块便是泛娱乐直播和"直播＋"，而泛娱乐直播和电商直播是我国现在直播行业的两大主力，下面我们来具体看一下这两大直播类型的特点。

1）泛娱乐直播

泛娱乐直播主要包括的是娱乐直播和游戏直播，内容以游戏和才艺表演为主。这类直播的主要营收来自观众在直播间的打赏，其比例占主播收入的95%。而这种打赏行为是一种单向消费行为，最终决定权在观众手中。图1-5所示为泛娱乐直播运作模式。

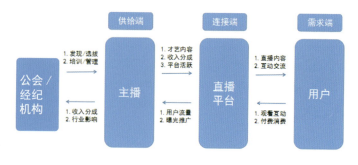

图1-5

2）电商直播

电商直播是“直播＋”的一种形式，即“直播＋电商”。电商直播是以商品交易为主的直播，主播的收入来源主要靠佣金、直播收入等。与泛娱乐直播相比，电商直播主要依靠直播间的商品以及主播人设等来吸引用户。图 1-6 所示为电商直播的发展历程。

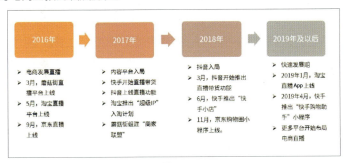

图 1-6

近年来，随着直播行业的快速发展，直播行业也出现了许多的问题，相关部门针对这些问题推出了一系列的政策。由于泛娱乐直播与电商直播的内容不一样，因此针对两者的政策也不太一样。

对于泛娱乐直播，国家相关部门加大了监察力度，也就相关问题出台了相关的规范性文件，如《互联网直播服务管理规定》，如图 1-7 所示。

互联网直播服务管理规定

第一条 为加强对互联网直播服务的管理，保护公民、法人和其他组织的合法权益，维护国家安全和公共利益，根据《全国人民代表大会常务委员会关于加强网络信息保护的决定》《国务院关于授权国家互联网信息办公室负责互联网信息内容管理工作的通知》《互联网信息服务管理办法》和《互联网新闻信息服务管理规定》，制定本规定。

第二条 在中华人民共和国境内提供、使用互联网直播服务，应当遵守本规定。

本规定所称互联网直播，是指基于互联网，以视频、音频、图文等形式向公众持续发布实时信息的活动；本规定所称互联网直播服务提供者，是指提供互联网直播平台服务的主体；本规定所称互联网直播服务使用者，包括互联网直播发布者和用户。

第三条 提供互联网直播服务，应当遵守法律法规，坚持正确导向，大力弘扬社会主义核心价值观，培育积极健康、向上向善的网络文化，维护良好网络生态，维护国家利益和公共利益，为广大网民特别是青少年成长营造风清气正的网络空间。

第四条 国家互联网信息办公室负责全国互联网直播服务信息内容的监督管理执法工作。地方互联网信息办公室依据职责负责本行政区域内的互联网直播服务信息内容的监督管理执法工作。国务院相关管理部门依据职责对互联网直播服务实施相应监督管理。

各级互联网信息办公室应当建立日常监督检查和定期检查相结合的监督管理制度，指导督促互联网直播服务提供者依据法律法规和服务协议规范互联网直播服务行为。

第五条 互联网直播服务提供者提供互联网新闻信息服务的，应当依法取得互联网新闻信息服务资质，并在许可范围内开展互联网新闻信息服务。

开展互联网新闻信息服务的互联网直播发布者，应当依法取得互联网新闻信息服务资质并在许可范围内提供服务。

第六条 通过网络表演、网络视听节目等提供互联网直播服务的，还应当依法取得法律法规规定的相关资质。

第七条 互联网直播服务提供者应当落实主体责任，配备与服务规模相适应的专业人员，健全信息审核、信息安全管理、值班巡查、应急处置、技术保障等制度。提供互联网新闻信息直播服务的，应当设立总编辑。

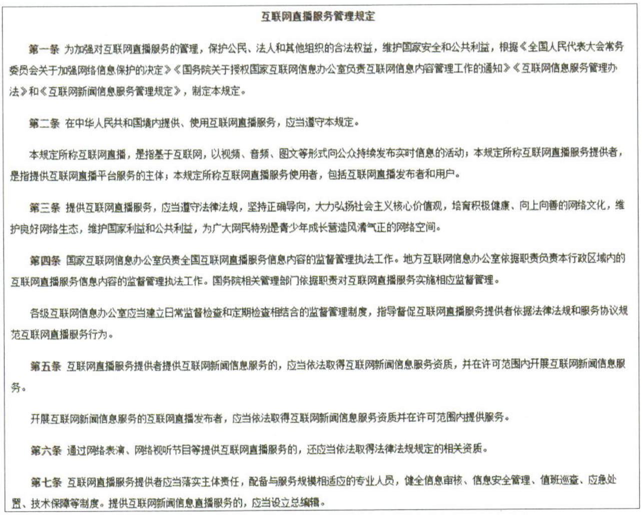

图 1-7

3．直播行业现状特点

随着移动互联网的不断发展，网络直播也得到了迅速的发展。目前，我国直播行业有以下特点。

1）直播迅速普及与同质化现象并存

随着手机的普及以及网络的发展，直播也得到了迅速普及，但是直播的类型大多类似。当前，直播平台的数量很大，每天创建的直播间以及观看的用户也很多，但是大多数直播平台的内容都相对来说比较单一，主要的差别是主播。

图 1-8 所示为淘宝直播间，图 1-9 所示为抖音直播间，可以看出两个平台的直播间差异不是很大。

图 1-8 　　　　　　　　图 1-9

2）主播媒体化、明星化特点明显

随着网络的快速发展以及普及，在平台发声已经成为很普遍的现象了。微博、微信等平台让每一个人都能够成为自己的发言人，但是这些发言仅仅是依靠文字或者图片，其效果往往没有实时直播来得明显，因此更多人或媒体都开始用直播来发言。可以说，现在网络直播是仅次于电视节目的高度媒体化的大众传播平台。

此外，在网络直播中，除了一些素人进行直播，大量的明星、艺人也走进了直播间。一方面通过零距离与粉丝互动，吸引更多的粉丝，同时也能够更好地留住老粉丝。另一方面，也能增加个人的曝光度，更好地进行自我宣传。

而对于直播平台来说，明星、艺人在直播平台进行直播，能够带动其粉丝下载该平台，从而帮助平台扩大用户规模，所以对平台来说也是一件互利共赢的好事。

图 1-10 所示为两位明星带货的直播现场，这次直播取得了很好的效果，不到一个小时，直播间内的营业额就已经达到了 2000 万元。

图 1-10

3）内容丰富与泛娱乐化共生

直播是靠内容来吸引用户的，因此直播最主要的特点便是内容多样化。目前，直播的主要类型包括移动直播、秀场直播、社交直播、电商直播以及泛娱乐直播 5 大类型，其中秀场直播是最早的，也是大众最为熟悉的直播类型。

直播的内容丰富，包括生活中的方方面面，如美妆、旅行、运动等，能够满足不同喜好的用户的需求。这种多样性的直播内容，一方面能够满足人们猎奇、窥私的心理，另一方面也让娱乐至死的现象充斥在网络直播平台中。

图 1-11 所示为斗鱼的直播分类。该平台以游戏直播为主，但是其中仍然包括了娱乐、科技文化等多种分类，直播内容丰富。

图 1-11

4）平台竞争加剧、监管难度增大

目前，直播平台不断增多，直播用户规模也在不断扩大。到 2022 年，预计中国在线直播用户规模可以达到 6.6 亿人，如图 1-12 所示。这背后的利益是有目共睹的，谁都想从中分一杯羹，因此现在的直播市场呈现白热化的状态，各直播平台的竞争也在日益加剧。

图 1-12

此外，直播具有实时性的特点，因此对于直播平台的监管难度也加大了。

有的直播间为了吸引更多的观众观看，会出现一些"擦边"的镜头，但因为只是一闪而过，用户都来不及反应，更不用说举证举报了。而且直播内容不用提前进行审批，因此监管起来存在着很大的困难。

5）半碎片化观看

半碎片化是相对于碎片化而言的，我们在微博、微信等平台浏览信息属于碎片化观看，而直播是大部分人在清闲的时候才会去观看，其观看的时间通常与微博、微信相比较长，因此被称为"半碎片化观看"。

6）双向互动

直播相对于传统媒体来说，在直播过程中更加注重与观众的双向互动。而且这种互动是具有实时性的，主播在直播时便可以了解到用户的喜好，这样便可以及时调整直播策略，从而打造用户喜欢的直播内容。尤其是针对电商直播来说，实时互动也可以让主播快速了解用户对于商品的喜爱程度，并能够及时地针对用户提出的相关问题进行解答，从而促进直播间的销量。

1.1.2 直播行业发展趋势

目前来说，直播行业主要有以下几种发展趋势。

1．技术的发展推动直播行业的发展

直播是通过视频的形式输出内容的，并且不仅是视频，其中还有大量的互动，因此直播的流畅性至关重要。随着移动互联网的发展、5G 的逐步应用，以及新兴技术的发展，直播的流畅性得到了进一步提升，直播画面也变得更加清晰，未来直播行业将迎来新的突破。

2．直播与各行业配合使用

因为直播具有实时性、互动性、包容性等特点，所以直播能够很好地融入其他行业之中，并且拥有着巨大的潜力。

例如，直播与教育，传统的教育是在教室里面，老师一对多进行授课，但是由于直播的发展，与教育结合后，一些资源较少的地区便可以通过直播的方式获得更好的教育资源，如图 1-13 所示。

图 1-13

此外,目前直播平台也在不断地探索新的直播模式,通过直播赋能,未来各个行业也将发展得更快、更好。

3.行业向大平台靠拢

随着相关部门对直播行业的监管,一些中小型直播平台纷纷退出直播舞台,未来直播行业的发展也会更加规范化,因此资本的目光会逐步聚焦于主流平台。

4.多元化发展促进行业的发展

随着直播行业的快速发展,单一的直播内容已经无法吸引更多用户的关注,因此直播平台需要探索新的商业模式以及盈利模式等,用多元化的模式来促进行业的发展,如加强主播 IP(intellectual property,知识产权)商业化挖掘、探索电商直播模式等。

1.2 直播员的产生与发展

直播员是随着直播行业的发展而出现的产物,那直播员是怎么产生以及发展的呢?本节我们就来了解一下直播员的产生与发展情况。

1.2.1 直播员的产生背景

直播员产生的主要因素包括网络技术驱动、大众需求驱动、商业驱动、满足个人表现欲 4 个方面，具体内容如下。

1．网络技术驱动

随着智能手机的普及、移动互联网的发展，以及各种直播设备的完善，在平台进行直播变成了一件简单的事情。并且直播的成本低，有时候一部手机便可以进行直播，因此直播逐渐成为大众娱乐的一种方式。

2．大众需求驱动

通过将生活的方方面面进行直播，能够满足大众猎奇的心理。再加上现今的直播已经与多个领域结合。很多用户想要学习某一门技术，但苦于没有途径、没有资金时，直播这种方式便能很好地满足大众的需求。图 1-14 所示为教授古筝的直播间，一些想要学习古筝的用户便可以进入直播间学习。

图 1-14

3．商业驱动

直播的迅速发展也让更多的企业看到了直播背后的商机，而且用直播进行品牌宣传，以及直播带货具有得天独厚的优势。

因此，直播蕴含着的巨大商机催生了电子竞技直播、旅游直播等多种形式的直播，如图 1-15 所示。

图 1-15

4．满足个人表现欲

直播平台不仅满足了大众的需求，同时也满足了大多数人的表现欲。直播给众多普通人提供了一个舞台，他们可以在这个舞台上尽情地展示自己，实现了他们想要成为"明星"的梦想。

1.2.2 直播员的工作内容

前面已经说过，目前泛娱乐直播以及电商直播是我国现在直播行业的两大主力，因此直播员也形成了两个发展方向：一个是电商带货主播，即直播销售员；另一个是娱乐主播。

因此，直播员的工作内容主要包括以下 5 种。

1．带货直播

带货直播间直播员的主要工作内容主要有以下 4 点。

（1）通过直播平台吸引用户关注，增加直播间用户的数量。

（2）在直播间内向用户介绍直播间的商品情况，引导用户下单。

（3）与用户进行互动，活跃直播间的气氛。

（4）根据直播间数据情况，不断调整直播的进度，优化直播的内容。

图 1-16 所示为带货直播间。直播员在带货直播间内最主要的目的就是吸引用户在直播间下单，并且引导用户能够关注自己，从而确保每场直播都能够吸引到这些用户的持续观看。

第 1 章 基础知识概述

图 1-16

2．才艺直播

展示才艺的直播是最常见的直播形式之一，如果一名直播员有着出色才艺的话，便可以在直播间进行展示，以吸引用户观看。

图 1-17 所示为古筝直播间。直播员在直播间内向用户展示自己的古筝技艺，同时也可以与同行探讨相关的古筝问题。

图 1-17

3．生活直播

生活直播，顾名思义，就是把自己的日常生活作为直播内容。生活直播内容的范围很广，可以直播逛超市、逛集市，也可以直播自己的户外活动、聚餐活动等。像一些农产品带货直播间便会直播一些农产品的种植、采摘等农活过程。图 1-18 所示为户外摸虾直播间。

图 1-18

4．聊天直播

聊天直播，顾名思义，直播内容是以聊天为主，直播员通过直播间与用户进行交流、互动，并且在这个过程之中，直播员会无形之中树立自己的好人设，从而让更多的用户更加信任自己，进而获得更多的礼物和打赏。图 1-19 所示为聊天直播间。

图 1-19

5．搞笑直播

在众多的直播类型中，往往搞笑直播能够获得更多人的关注。但是，主播的搞笑能力不是天生的，他们通过在生活中以及其他渠道不断积累，然后通过一定的艺术加工，形成了一个个有自己风格的搞笑段子。

需要注意的是，搞笑直播不能为了迎合用户的口味，吸引观众的注意，而去讲述一些原本就不搞笑的段子，这样会流失很多用户的。

在直播时，直播员可以在适当的时机将搞笑段子讲述出来，一方面可以缓解用户长时间观看的疲劳感，另一方面也可以活跃直播间的气氛，提升直播间的人气。

1.2.3 直播员的发展趋势

随着直播行业的不断发展，直播员也不是一成不变的，也会随着直播行业的发展而发展。未来，直播员的发展主要呈现以下两种趋势。

1．走向专业化

随着直播行业竞争的加剧，直播间以及直播员数量的不断增加，直播员也会在市场中不断地更新替换，只有那些足够专业、足够优秀的直播员才能够在市场中留下来。此外，未来直播行业也会出现一定的准入门槛，对直播员的专业素养也会提出更高的要求。

2．注重内容

直播市场正在不断走向成熟期，因此在市场中，能够创造有价值的直播内容才能够吸引更多的观众，才能够在直播平台中占据更有利的位置。

今后，随着相关部门监管力度的加大、市场竞争的加剧，直播员的素质会不断提高，直播的内容也将会更加有价值。

1.3 直播销售的基础知识

在了解了直播行业的现状与趋势以及直播员的产生与发展后，本节我们便来了解一下直播销售的基础知识。

1.3.1 直播销售员职业素养

职业素养是影响一个人职业生涯成败的关键因素，对于每一个从业人员来说，职业素养是一定要有的。

职业素养主要包括 4 个方面，分别是职业道德、职业行为、职业技能以及职业作风和意识，如图 1-20 所示。

图 1-20

直播员的职业素养分为两个方面，分别是专业素养和职业素质，具体内容如下。

1．专业素养

直播销售员的专业素养影响着他在直播行业中能够走多远。一般来说，直播销售员的专业素养主要包括 4 个方面，分别是文案能力、语言能力、学习能力和分析能力，如图 1-21 所示。

文案能力	好的文案能够吸引更多的用户进入直播间，因此直播销售员最好能够有着良好的文案能力，这样才能让直播间人气爆棚
语言能力	直播销售员是通过语言来向用户介绍直播间内的商品的，所以良好的语言表达能力能够提高直播间的销量
学习能力	直播销售员一定要时刻保持学习状态，积累知识，这样才能在直播间内游刃有余
分析能力	通过对数据分析能够知道自己直播的优缺点，因此直播销售员要有一定的数据分析能力，才能及时调整直播策略

图 1-21

2．职业素质

直播销售员的职业素质主要包括以下 5 点，分别是忠于职守、谦虚谨慎、工作认真、勇于创新、诚实守信，如图 1-22 所示。

忠于职守	直播销售员要忠于自己的工作岗位，自觉履行自己应有的岗位职责，做好每一场直播
谦虚谨慎	直播员面对的是直播间内的每一位粉丝，因此在直播时一定要谦虚谨慎，这样才能留住更多的用户
工作认真	直播是实时的，容不得有任何的失误，因此在进行直播之前，一定要认真做好准备工作，提前制定好直播脚本
勇于创新	现在信息更新速度快，墨守成规，只能面临淘汰，因此直播销售员一定要勇于创新，这样才能吸引更多的观众
诚实守信	直播销售员一定要诚实守信，同时也要有一定的保密意识，严守商业机密，保证信息安全

图 1-22

1.3.2 直播销售相关法律知识

直播销售员通过直播间进行商品销售，因此也与其他商业活动一样，要遵守相应的法律法规。

法是由国家制定或认可，任何人的行为都要受到法律的规范和约束，因此在做好一名优秀的直播员之前，一定要了解相应的法律法规，这样在直播过程中才不会出现违法乱纪的情况。

根据相关的法律法规，以及平台的经营模式，可以将直播销售员定位为广告主、电子商务经营者等。因此，在《中华人民共和国电子商务法》《中华人民共和国广告法》《中华人民共和国消费者权益保护法》等都有相关的规定。图 1-23 所示为《中华人民共和国电子商务法》。

除此之外，在进行直播带货过程中，还要注意避免出现以下的相关刑事犯罪行为。

♣ 非法经营。

- 虚假广告。
- 销售假冒注册商标产品。
- 生产销售伪劣产品。

第一章 总 则

第一条 为了保障电子商务各方主体的合法权益，规范电子商务行为，维护市场秩序，促进电子商务持续健康发展，制定本法。

第二条 中华人民共和国境内的电子商务活动，适用本法。

本法所称电子商务，是指通过互联网等信息网络销售商品或者提供服务的经营活动。

法律、行政法规对销售商品或者提供服务有规定的，适用其规定。金融类产品和服务，利用信息网络提供新闻信息、音视频节目、出版以及文化产品等内容方面的服务，不适用本法。

第三条 国家鼓励发展电子商务新业态，创新商业模式，促进电子商务技术研发和推广应用，推进电子商务诚信体系建设，营造有利于电子商务创新发展的市场环境，充分发挥电子商务在推动高质量发展、满足人民日益增长的美好生活需要、构建开放型经济方面的重要作用。

第四条 国家平等对待线上线下商务活动，促进线上线下融合发展，各级人民政府和有关部门不得采取歧视性的政策措施，不得滥用行政权力排除、限制市场竞争。

第五条 电子商务经营者从事经营活动，应当遵循自愿、平等、公平、诚信的原则，遵守法律和商业道德，公平参与市场竞争，履行消费者权益保护、环境保护、知识产权保护、网络安全与个人信息保护等方面的义务，承担产品和服务质量责任，接受政府和社会的监督。

图 1-23

1.4 本章小结

本章主要分为三部分，第一部分主要是直播行业的现状与趋势，向读者介绍直播行业的情况；第二部分主要包括直播员的产生与发展，帮助读者快速了解直播员的相关来源以及发展情况；第三部分介绍的是直播销售的基础知识，主要包括直播销售员的职业素养以及直播销售相关的法律知识。

1.5 本章习题

1. 直播行业现状特点主要有哪些？
2. 直播员的工作内容主要包括哪几种？

Chapter 02

第2章
打造专业主播

大部分人都有一种错误的认知，即直播就是在摄像头前和观众聊天就可以了。不管做什么工作，想要获得成功，自身都要具有相关的能力，专业的主播更是如此。本章笔者将为大家详细介绍如何打造一名专业的主播。

2.1 学会个人包装

在视频直播中包装自己,除了对内要丰富自身素养和对外要展现最好的妆容外,还应该在宣传方面实现最美展现,也就是要注意宣传的图片和文字的展示。

先从图片方面来看,一般直播图片用的是主播的个人照片,而要想引人注目,则要找准一个完美的拍摄角度,更好地把直播主题内容与个人照片相结合,做到相得益彰。

主播的长相是天生的,而作为主播宣传的图片不同于视频,它是可以编辑和修改的。因此,如果主播的自然条件不那么引人注目,此时可以利用后期软件适当地进行美化。其中,美颜相机 App 就是一个不错的选择,可以帮助用户一秒变美,且效果非常自然。

需要注意的是,在宣传和表达主播自己时不能单靠颜值。美丽只是展示自己、吸引粉丝关注的第一步,在打造 IP 时还需要学会配合一些条件,将美貌与才华、正能量等结合在一起,这样才能发展得更长久。

另外,从文字方面来说,还应该在两个方面努力,即宣传的标题和主播名称,这是吸引受众点击的必要和基础条件。

- ♣ 宣传标题:为直播取一个好的标题,再辅以主播的高颜值照片,这样宣传带给人的第一印象必然是美好的,吸引用户注意也就不难了。
- ♣ 主播名称:为主播添加一个能足够吸引人并能表现主播魅力的标签,不仅能更好地包装自己,还能让用户有一个清晰的理性认识,有利于打造富有影响力的形象 IP。

当然,高颜值是相对的。在人的面貌既定的情况下,主播应该在 3 个方面加以努力来增加自身颜值,即最好的妆容、形象整洁得体、最佳的精神面貌。针对以上提及的 3 种增加颜值的方式,本节将进行详细介绍。

2.1.1 好的妆容

在直播平台,不管是不是为了增加颜值的需要,化妆都是必需的。另外,主播想要在颜值上加分,化妆就是一个切实可行的办法。相较于整容这类增加颜值的方法而言,化妆有着巨大的优势,具体如下。

- ❖ 从成本方面来看，化妆这一方式相对来说成本要低得多。
- ❖ 从技术方面来看，化妆所要掌握的技术难度也较低。
- ❖ 从后续方面来看，化妆所产生后遗症的风险比较轻。

但是，主播的妆容也有需要注意的地方。在美妆类直播中，妆容是为了更好地体现其产品效果，因此需要夸张一些，以便更好地衬托其效果。

除美妆类直播以外，在其他的直播中，主播的妆容就应该考虑用户的观看心理了。可以选择一些比较容易让人接受的，而不会带给人强烈视觉冲击的妆容，这是由直播平台的娱乐性特征决定的。

一般来说，用户选择观看直播，其目的之一是获得精神上的放松，让自身心理获得愉悦，因此平台主播的妆容的第一要义就是让人赏心悦目，所以主播可以选择与平台业务相符又能展现主播最好一面的妆容。

当然，主播的妆容还应该考虑其自身的气质和形象，因为化妆就是为了更好地表现其气质，而不是为了化妆而化妆。

2.1.2 衣着发型

主播的形象要整洁得体，这是从最基本的礼仪出发而提出的要求。除了上面提及的面部的化妆内容外，主播形象的个人包装还应该从两个方面考虑，即衣着和发型，下面进行具体介绍。

从衣着上来说，应该考虑自身条件、相互关系和受众观感3个方面，具体如图2-1所示。

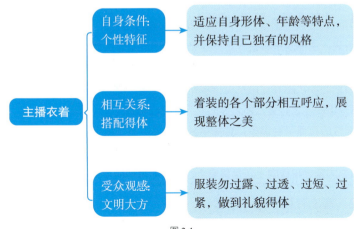

图 2-1

从发型上来说，主播也应该选择适合自身的简单发型。如马尾，既可体现干练，又能适当地体现俏皮活泼，这是一种比较适用的发型。

2.1.3 精神面貌

有这样一种说法：自信、认真的人最美。从这句话可以看出，人的精神面貌会影响一个人的颜值。

主播以积极、乐观的态度来面对用户，并在直播间内充分展现其对生活的信心，也是一个加分项。如果主播在直播的时候，再加以认真、全心投入的态度来完成直播内容的话，那么也能让用户充分感受到主播的精神面貌，从而欣赏主播的敬业精神，并由衷地感到信服。

2.2 培养主播技能

想要成为一名具有超高人气的主播，专业能力是必不可少的。在竞争日益激烈的直播行业，主播只有培育好自身的专业能力，才能在直播这条道路上走得更远。本节笔者就来详细介绍一下主播应具备的 3 大基本技能。

2.2.1 专业能力

想要成为一名深受用户喜欢的主播，就要有一定的专业能力，而主播的专业能力主要体现在以下 4 个方面。

1．才艺满满，耳目一新

首先，主播应该具备一定的才艺，能让观众心花怒放，为其倾倒。才艺的范围十分广泛，主要有唱歌跳舞、乐器表演、书法绘画、游戏竞技等。

当你的才艺能够让用户觉得很新颖的时候，便能够激起他们的兴趣，从而愿意为你的才艺打赏，那么你的才艺就是成功的。

现在的直播平台很多，直播平台的主播更多，每个主播都有着自己独特的才艺。因此，谁的才艺更好，谁才能吸引更多的用户。当然，不管是什么才艺，只要内容是积极向上，且具有个性，都能够帮助主播吸引更多的用户。

2．言之有物，绝不空谈

在众多的直播平台中，主播想要脱颖而出，直播的内容就一定要有价值，必须言之有物，如果主播说出来的话没有任何价值，也没有深度，那么这样的主播是无法长期留住用户的。

那么，主播要怎么才能说出有价值的内容呢？首先，主播应该树立正确的三观，并始终保持自己的本心，不空谈。其次，还要掌握相应的语言技巧。主播在直播时，必须具备以下3大语言要素。

（1）亲切的问候语。

（2）语言通俗易懂。

（3）内容流行时尚。

最后，主播要有自己专属的观点。只有这三者相结合，主播才能达到言之有物的境界，从而获得专业能力的提升。

3．精专一行，稳打稳扎

俗话说："三百六十行，行行出状元。"想要成为一名优秀的主播，成为"状元"，还需要精通一门技能。一般来说，一个主播的主打特色是由他精通的技能支撑起来的。

例如，有的人精通一种乐器，那么他就可以专门做乐器教程直播；有的人唱功很好，且声音很好听，就可以在直播间分享自己的歌声；有的人会做手工，便可以在直播间内直播做手工的过程。

当主播精通一门技能，且行为谈吐都比较接地气的话，那么他获得高收益也就很容易了。此外，在直播前，主播也需要做好充足的准备，只有准备充分，直播才能有条不紊地进行下去，最终获得良好的反响。

4．挖掘痛点，满足需求

在主播培养专业能力的道路上，有一点极为重要，即聚焦用户的痛点。主播要学会在直播的过程中寻找用户最关心的问题和感兴趣的点，从而更有针对性地为用户带来有价值的内容。挖掘用户的痛点是一个长期的工作，但主播在寻找的过程中，必须要注意以下3点。

- ❖ 对自身能力和特点要有充分了解，这是为了认识到自己的优缺点。
- ❖ 对其他主播的能力和特点有所了解，对比他人，从而学习长处。
- ❖ 对用户心理能够充分解读，了解用户需求，然后创作对应的内容，以满足用户的需求。

主播在创作内容的时候，要抓住用户的主要痛点，以这些痛点为重点，吸引用户的关注，并弥补用户在现实生活中的各种心理落差，让他们在直播中获得心理上的满足。

用户的主要痛点包括安全感、价值感、自我满足感、亲情爱情、支配感、归属感、不朽感等。

2.2.2 应对提问

成为一名优秀的主播，就需要学会随机应变。在这种互动性很强的社交方式中，各种各样的粉丝都可能会向主播提问。在各大直播平台中，活跃跳脱的用户多不胜数，提出的问题也是千奇百怪。

有的主播回答不出粉丝的问题，就会插科打诨来蒙混过关。这种情况发生一次两次粉丝还能接受，但次数多了，粉丝就会怀疑主播是不是不重视自己或者主播到底有没有专业能力。因此，学会如何应对提问是主播成长的重中之重。

1. 做好准备，充分应对

主播在进行直播之前，特别是与专业技能相关的直播，一定要准备充分，对自己要直播的内容做足功课。就如同老师上课之前要写教案备课一样，主播也要对自己的内容了如指掌，并尽可能地把资料备足，以应对直播过程中发生的突发状况。

例如，在章鱼 TV 上有一个名为棋坛少帅的主播专门教授下象棋。由于象棋属于专业教学类的直播，而且爱好象棋的人数也有限，所以火热程度不如秀场直播、游戏直播。但该主播十分专业，对用户提出的问题差不多都会给予专业性的回答，因此得到了一些象棋爱好者的喜欢和支持。

棋坛少帅之所以能赢得粉丝的认可，除了其出色的专业能力之外，还少不了他每期直播前所做的充分准备。如根据每期特定的主题准备内容、准备好用户可能提出的问题答案等。充分的准备就是棋坛少帅应对提问的法宝。

例如，做一场旅行直播，主播可以不用有导游一样的专业能力，对任何问题都回答得头头是道，但也要在直播之前把旅游地点及其相关知识掌握好。这样才不至于在直播过程中一问三不知，也不用担心因为回答不出粉丝的问题而减少人气。

旅游主播每次直播前，都要对直播的内容做好充分的准备，如风景名胜的相关历史、人文习俗的来源和发展、当地特色小吃等。只有做了充分的准备，在直播的过程中才能有条不紊地完成直播内容。

2．回答问题，客观中立

应对提问还会遇到另一种情况，那便是回答热点的相关问题。不管是用户还是主播，都对热点问题有一种特别的关注。很多主播也会借着热点事件，来吸引用户观看。这种时候，用户往往想知道主播对这些热点问题的看法。

有些主播为了吸引眼球，进行炒作，就故意做出违反三观的回答。这种行为是极其错误且不可取的，虽然主播的名气会因此在短时间内迅速上升，但其带来的影响是负面的、不健康的，粉丝会马上流失。更糟糕的是，想要吸引新的粉丝加入会变得十分困难。

那么，主播应该如何正确评价热点事件呢？笔者总结了3点原则：客观中立、不违反三观、不偏袒任何一方。主播切记不能因为想要快速吸粉（吸引粉丝的简称）就随意评价热点事件，因为主播的影响力远比普通人要大得多，言论稍有偏颇，就会出现引导舆论的情况。

如果事实结果与主播的言论不符，就会对主播产生很大的负面影响，这种做法是得不偿失的。客观公正的评价虽然不会马上得到用户的大量关注，但只要长期坚持下去，形成自己独有的风格，就能凭借正能量的形象吸引更多的粉丝。

2.2.3 心理素质

直播和传统的节目录制不同，节目想要达到让观众满意的效果，可以通过后期剪辑来表现笑点和重点，而直播是实时的，无法后期补救。

一个能够吸引众多粉丝的主播和直播节目，仅仅依靠颜值、才艺、口才是不够的。直播是一场无法重来的真人秀，就跟生活一样，没有彩排。在直播的过程中，万一发生了什么意外，主播一定要具备良好的心理素质，才能应对种种情况。

1．突然断讯，随机应变

一般在借助手机做户外直播时会发生信号中断的情况。信号不稳定是十分常见的事情，有时甚至还会长时间没有信号。面对这样的情况，主播首先应该平稳心态，先试试变换下地点，看看是否能够连接到信号，如果不行，就耐心等待。也许有一些忠实粉丝会一直等候直播开播,所以主播要做好向粉丝道歉的准备,再利用一些新鲜的内容活跃气氛,再次吸引粉丝的关注。

例如,"延边朝鲜族泡菜君"是专门直播如何制作延边美食的主播,他在直播的时候使用的设备是手机,因此常出现信号中断的问题。有一次"延边朝鲜族泡菜君"在直播过程中信号突然中断,因为当天家里的 Wi-Fi 出现了故障,主播调整了 1 分钟,Wi-Fi 还是没能恢复正常。

为了让用户能够继续观看直播,该主播用手机数据流量播了近半个小时的直播。尽管这次直播耗费了主播不少流量,但粉丝都对他的行为感到很温暖。因为"延边朝鲜族泡菜君"坚持做完直播,就是为了给用户一个完整的体验,很好地照顾了粉丝的心情。

再如某位歌手在一次直播中,因为手机欠费导致被迫下播,但他马上充了话费重新开播,并打趣道:"这次只能聊 100 块钱的了。"在这次直播时他展示了自己接地气和可爱的一面,使得他更受粉丝的喜爱和欢迎。这一"直播意外"还使得他上了微博热搜,吸引了不少粉丝。

这位歌手和"延边朝鲜族泡菜君"面对直播意外的反应值得每个主播学习,这样也避免了直播突然中断的尴尬。

2.冷静处理,打好圆场

各种各样的突发事件在直播现场是不可避免的。当发生意外情况时,主播一定要稳住心态,让自己冷静下来,打好圆场,给自己找台阶下。

例如,湖南卫视的歌唱节目《我是歌手》在第三季总决赛直播时,就发生了一件让人意想不到的事件。某位著名歌手突然宣布退赛,消息一出,现场所有人和守在电视机前的观众都大吃一惊。

而现场的主持人不慌不忙,并对此事做出了十分冷静的处理。首先,他请求观众给他五分钟时间,然后将自己对这个突发事件的看法做了客观、公正的评价,主持人的冷静处理让相关工作人员有了充分的时间来应对此次事件。

这个事件过后,该主持人的救场行为也被各大媒体纷纷报道,获得了无数观众的敬佩和赞赏,他应对突发事件的处理方法值得其他同业人员大力学习。

节目主持人和主播有很多相似之处,主播在一定程度上也是主持人。在直播过程中,主播也要学会把节目流程控制在自己手中,特别是面对各种突发事件时,要保持冷静。主播应该不断修炼自己,多向优秀的主持人学习。

2.3 优秀主播要素

优秀的人总能吸引很多的人，同样，优秀的主播也总是能受到很多人的喜欢。那么在这些优秀主播身上又拥有哪些共性的特点呢？本节分别从直播内容、直播设备两方面向大家介绍优秀主播所应具备的要素，帮助大家更好地了解优秀主播的特点，同时也能向优秀主播学习，并成为优秀主播。

2.3.1 直播内容

利用直播进行营销，直播内容往往是最值得注意的。只有内容足够优质，才能吸引更多用户和流量。

结合多个方面综合考虑，为创作优质内容打下良好基础，下面我们将从内容包装、互动参与、创意营销、事件营销、用户参与、真实营销、内容创新、增值服务这 8 个方面讲述如何创作优质内容。

1．内容包装

对于直播的内容营销来说，它终归还是要通过盈利来实现自己的价值。因此，内容的电商化非常重要。要实现内容电商化，首先要学会包装内容，给内容带来更多的额外曝光机会。

2．互动参与

内容互动性是联系用户和直播的关键，直播推送内容或举办活动，最终的目的都是和用户交流。

直播内容的寻找和筛选对用户和用户的互动起着重要的作用。只有内容体现价值，才能引来更多用户的关注和热爱，而且内容的质量不是从粉丝数的多少来体现的，和粉丝的互动情况才是最为关键的判断点。

3．创意营销

创意不但是直播营销发展的一个重要元素，同时也是必不可少的"营养剂"。互联网创业者或企业如果想通过直播来打造自己或品牌知名度，就需要懂得"创意是王道"，在注重内容质量的基础上更要发挥创意。

一个具有创意的直播内容会帮助主播赢得更多用户的关注。需要注意的是，创意的表现有很多方面，而新鲜有趣只是其中一种，还可以贴近人们的日常生活、关注社会热点话题等。

在直播营销的过程中，如果内容没有创意的话，那么这场直播只会沦为广告的附庸。因此，主播在进行内容策划时，一定要注重创意性。

4．事件营销

直播中采用事件营销就是通过对具有新闻价值的事件进行操作和加工，让这一事件带有宣传特色的模式得以继续传播，从而达到实际的广告效果。

事件营销能够有效地提高企业或产品的知名度、美誉度等，优质的内容甚至能够直接让企业树立起良好的品牌形象，从而进一步促成产品或服务的销售。

5．用户参与

让用户参与内容生产，这个不仅局限于用户与主播的互动，更重要的是用户真正地参与到企业举办的直播活动中来。当然，这是一个需要周密计划的过程，好的主播和优质的策划都很重要。

6．真实营销

优质内容的定义也可以说是能带给用户真实感的直播内容。真实感听起来很容易，但透过网络这个平台再表现，似乎就不那么简单了。首先，主播要明确传播点，即你所播出的内容是不是用户想要看到的，你是否真正抓住了用户的需求点和痛点，这是一个相当重要的问题。

举个例子，你的用户群大多数人喜欢的是美妆、服装搭配，结果你邀请了游戏界的顶级玩家主播讲了一系列关于游戏技巧和乐趣的内容，那么就算主播讲得再生动，内容再精彩，用户也不感兴趣，与他们的喜好不符合，你的直播就不会成功。

7．内容创新

"无边界"内容指的是有大胆创意的、不拘一格的营销方式。如平时常见的有新意的广告，iphone、耐克等品牌的广告内容中没有产品的身影，但表达出来的概念却让人无法忘怀。由此可以看出"无边界"内容的影响力之深。

现在很多企业做直播时，营销方式大多都比较死板，其实做直播也应该创新，多创造一些"无边界"的内容，吸引人们的关注。

例如，很多人都以为是一个日常的直播，没想到后来竟弹出了相关产品的购买链接，而且直播中还讲述了一些与游戏相关的知识，没看到产品链接根本无法联想到是电子产品的营销。这样"无边界"的直播内容更易被用户接受，而且会悄无声息地引发他们的购买欲望。

当然，企业在创造"无边界"的内容时，一定要设身处地为用户着想，才能让用户接受你的产品和服务。

8．增值服务

很多优秀的企业在直播时并不是只谈产品，要让用户心甘情愿地购买产品，最好的方法是提供给他们产品的增值内容。这样一来，用户不仅获得了产品，还收获了与产品相关的知识或者技能，自然是一举两得，购买产品也会毫不犹豫。

那么，增值内容方面应该从哪几点入手呢？笔者将其大致分为3点：给予用户陪伴、经验与资源共享、让用户学到东西。

最典型的增值内容就是让用户从直播中获得知识和技能。如天猫直播、淘宝直播、聚美直播在这方面就做得很好。一些利用直播进行销售的商家纷纷推出产品的相关教程，给用户带来了更多的产品增值内容。

例如，淘宝直播中的一些化妆直播，一改过去长篇大论介绍化妆品成分、特点、功效、价格、适用人群的老旧方式，而是直接在镜头面前展示化妆过程，边化妆边介绍产品。

这样的话，用户不仅通过直播得到了产品的相关信息，还学到了护肤和美妆的窍门，对自己的皮肤也有了比较系统的了解。用户得到了优质的增值内容，自然就会忍不住想要购买产品，直播营销的目的也就达到了。

2.3.2 直播设备

合适的设备能够确保直播畅通无阻，并且让直播更出彩。目前，在直播中我们最应该关注的设备是镜头、灯光、背景、音效等，下面来给大家一一讲解。

1．镜头

镜头相当于眼睛，通过镜头来记录直播视频，就相当于用眼睛在看，眼睛的状态如何，会影响物体的呈现效果，所以镜头也一样，不同的镜头类型、款式也会直接影响到直播视频的呈现效果。图 2-2 所示为手机镜头和专业镜头的对比效果。

对于很多纯粹分享生活的主播来说，完全可以通过手机自带的摄像头进行直播，但是如果你想让直播呈现的效果更好，可以采用一部手机＋一个外置镜头这种搭配方式，来补充手机镜头自身的局限性，以满足自己对拍摄技术的要求。图 2-3 所示为在手机镜头上另外安装镜头的方式。

图 2-2

图 2-3

通过安装不同类型的镜头，可以基本满足直播想要达到的美化效果，这种搭配方式可以使手机拍摄出来的画面像素变高，效果更好，很多人都会选择购买外置镜头来进行直播。

现在市场上的镜头按功能可以分为鱼眼镜头、广角镜头、微距镜头、长焦镜头 4 类。

1）鱼眼镜头

鱼眼镜头是一种视角接近或等于 180°的手机辅助镜头，可以说是一种极端的广角镜头。由于摄影镜头的前镜片直径短又呈抛物状，镜头前部往外凸出，很像鱼的眼睛,所以称为"鱼眼镜头"。图 2-4 所示为鱼眼镜头拍摄的画面效果。

图 2-4

鱼眼镜头与人们眼中真实世界的景象存在较大的差异,我们在真实生活中看见的景物是固定形态、有规则的,而鱼眼镜头拍摄的画面效果则会超出这一范畴。用鱼眼镜头拍摄的画面,中心的景物是不变的,其他本应水平或垂直的景物都发生了相应的变化,从而产生强烈的视觉效果。

2)广角镜头

广角镜头的特点是镜头视角大、视野宽阔、景深长,能强调画面的透视效果。广角镜头在某一视角观察的景物范围,比人眼在同一视角看到的景物范围会广很多。图 2-5 所示为广角镜头的拍摄效果。

图 2-5

使用这种镜头进行拍摄很常见,在拍摄合影的时候,可以把所有人都拍摄进来；日常自拍的时候，也可以俯拍小脸、仰拍大长腿；还能体现建筑的宏伟大气等。

3）微距镜头

微距镜头从字面上就可以看出，其可以拍摄非常细微的物体，它是一种用来进行微距摄影的特殊镜头，一般在拍摄自然景物的时候使用得比较多，如鲜花、昆虫等。图 2-6 所示为使用微距镜头拍摄的画面效果。

图 2-6

4）长焦镜头

对于长焦镜头，可以简单理解成给镜头增加了一个望远镜，这样可以拍摄到距离较远的景物。长焦镜头可以根据自己的实际需求去变更镜头的倍数，如 10 倍长焦、20 倍长焦等，如图 2-7 所示。

图 2-7

以上这 4 种镜头类型,在日常直播拍摄时可以根据自己想要得到的效果进行选择和使用。一般主播在直播间销售产品时,都会准备两部直播设备,一部手机用于拍摄,另一部手机则用来观看直播过程中和粉丝的互动情况。

在大部分电商直播中,主播可以采用摄像头+笔记本计算机的方式进行直播,不但简单易用,而且画面质量也可以满足。

2．灯光

在进行直播销售时,为了得到不错的画面效果,灯光的作用不容忽视,它能让商家和主播更好地促进商品成交,并且会给店铺带来很多的自然流量。

就像影视行业常说的"打光",通过灯光可以修饰、美化画面效果。灯光的分类有很多,通过对光源、光照角度、亮度、色温这些类别的不同组合,可以呈现出不同的效果和作用。

直播间常用的灯光包括主光、辅助光、轮廓光、顶光和背景光,如图 2-8 所示。此外,也不能忽视这些灯光位置的摆放,它对于直播效果的呈现也非常关键。

图 2-8

1) 灯光类型

- ❖ 主光:它是映射主播外貌、形态的主要光线,主要起照明的作用,主光可以使主播的脸部受光匀称。
- ❖ 辅助光:辅助主光的灯光,它可以增加人物的立体感,突出侧面轮廓。常用的补光灯就是起辅助灯的作用,一般主播在室内直播,遇到光线不太好或者想改变光线色调的时候,可以使用补光灯改善镜头前主播所呈现的气色,让主播的状态能够得到更好的呈现,如图 2-9 所示。

图 2-9

- ✣ 轮廓光:轮廓光也可以说是逆光,是对着镜头方向照射的光线,一般放在主播的身后位置,可以勾勒出主播的身型轮廓,从而达到突出主体的作用,增加画面的美感。
- ✣ 顶光:是次于主光的光源,从头顶照射下来的主光线,它可以给背景和地面增加照明,同时对于人物也可以加强其瘦脸的效果。
- ✣ 背景光:也称为环境光,主要是对四周的环境和背景起到一个照明的作用,它可以调整和改善人物周围的环境背影,作为背景照明可以统一直播间各光线的强度,均匀室内光线。一般背景光的设置以简单为主,用来衬托人物的形象。

2)灯光位置

灯光位置的摆放对于直播的呈现效果也非常关键,由于直播间的场地一般不会太大,所以建议采取以下两种方式来进行灯光的位置布局。

- ✣ 悬挂灯光方案:适用直播间高度 3 米以上、预算充足的直播商家。

悬挂系统灯光,可以合理搭配主光、轮廓光、背景光、聚光灯和脸部光线,确保达到人物形象立体、栩栩如生的饱满效果,同时画质更清晰。

不仅如此，悬挂灯光还可以最大限度地利用场地，人物改变位置也不受影响，它的轨道和灯具都可以滑动位置，从而确保主播身上时时刻刻光线充足。图 2-10 所示为悬挂系统灯光的展示效果。

图 2-10

* 便携套灯方案：便携套灯适合多种场合，所需要的费用比较便宜。

便携套灯相对于悬挂系统灯光来说，更加便于携带，适合多种场合使用，所需费用也比较便宜，很适合坐播或者站播这种运动少且范围小的场景。需要外出直播时，也非常方便，因为它可以通过拉杆箱，随意进行移动。

便携套灯是现在直播主播用的最多的一种方案，通过对灯的位置摆放进行光线效果的调整，使主播的形象更好。图 2-11 所示为直播中便携套灯的使用效果。

图 2-11

3. 背景

在直播间进行直播时，用户是通过镜头来看整个直播间的环境、主播以及商品的，这时需要注意直播间的人和商品在画面中所呈现的视觉效果，以便呈现出更好的直播画面效果。

在进行服装直播销售时，由于主播需要向用户和粉丝展示服装的款式、板型，和实际的上身效果，加上进行直播时所推荐的衣服件数比较多，所以在直播间如何陈列服装是一个关键问题，主播可以根据以下 3 点来进行陈列。

1）对于主打推荐的服装，可以单独进行展示

主播对于需要主打的服装商品，可以在直播间进行重点展示，这样可以让每一个直播间的粉丝将主打服装了解得更详细，同时也可以让他们对服装的展示效果有一个清楚的认识。在陈列时，可以利用人形模特或真人模特进行上身效果展示，如图 2-12 所示。

图 2-12

2）服装款式偏长的，应远离摄像镜头

如果服装的规格比较大，在手机屏幕里很难完整呈现，最好的办法就是增大服装与直播镜头之间的距离，从而让消费者可以一眼看完整衣服的形状、款式。同时，主播最好不要挡在产品的前面，以免阻挡视线，把服装摆放在主播的身后或两侧比较显眼的位置即可，如图 2-13 所示。

图 2-13

3）确保服装直播视频的背景干净

主播在进行服装直播销售时，有些服饰的颜色、款式本身就容易受到光线和背景的影响，因此对直播背景要求就比较高。要想展示一款比较精致的服装，就需要画面干净整洁。这时主播可以对直播间进行简单的布局，提升整个背景的视觉效果，如图 2-14 所示。

图 2-14

脏乱的直播间或者布局杂乱的直播间，容易拉低主播在观众心中的档次，而主播的档次直接影响观众心中对其推销产品的好感度。所以，直播画面要尽量干净整洁。

4．音效

直播时，主播需要不断和粉丝进行沟通、互动。在这个过程中，主播可以添加一些活泼、搞笑的声音效果，来带动直播间的氛围。

主播可以直接在网上搜索下载"直播音效软件"，使用时在出现的声音选项里，点击需要的声音选项，该音效就会播放出来。以后在直播时，根据场景需要，选择合适的音效进行播放即可。图2-15所示为部分直播间常用的音效类型。

图 2-15

通过在直播中添加各种音效，可以增加直播间的趣味性，把直播间的气氛带动起来，让粉丝沉浸在直播间营造的氛围中。

另外，需要注意的是，主播在进行直播时，视频容易出现回音、杂音等情况，这都不利于直播的观看效果，会直接影响用户的观看体验。想要消除直播的回音、杂音等情况，可以通过以下两种方法来解决。

♣ 主播在中控台观看自己的直播视频时，要保持静音。
♣ 主播用手机观看自己的直播间时，要保持静音。

2.4 本章小结

本章主要从个人包装、主播技能、优秀主播要素3个方面介绍了如何打造一个优秀的主播。其中,个人包装包括妆容、衣着发型、精神面貌;主播技能包括专业能力、应对提问和心理素质;优秀的主播要素包括直播内容和直播设备等。

2.5 本章习题

1. 从衣着上看,主播应该考虑哪3个方面?
2. 主播的专业能力主要体现在哪4个方面?

Chapter 03

第3章
打造新颖人设

各短视频和直播平台的 TOP 级（即顶级）网红之所以能被广大用户记住，关键就在于这些网红都有属于自己的人设（即人物设定）。那么，如何打造人设，增加人设的魅力，更好地开启主播的网红之路呢？这一章笔者就来重点解答这些问题。

3.1 脱颖而出的主播人设

在这个通讯发达的网络时代，各大直播平台陆续兴起，随之诞生的主播也越来越多，但并不是每一位主播都能给大众留下深刻的印象。在直播的初期，人设鲜明的主播往往更容易脱颖而出。

如果稍微仔细观察一下便能发现，能迅速蹿红并经久不衰的主播都有一个特点，那就是他们有属于自己的人设。

那么，什么是人设呢？人设即人物设定的简称，也就是主播在大众面前所展示的形象，包括外貌特征和内在的个性特点。

无论是淘宝主播还是短视频达人，他们都是每天会出现在大众视野中的公众人物，所以本节笔者将给大家详细介绍关于主播人设的相关内容。

3.1.1 重要人设

什么是好的人设？一个能够让人记得住、说得清的人设就是好的人设。好的人设可以给观众留下深刻的印象，当一个主播塑造了一个好的人设时，便能快速让观众记住并且时刻想起，进而加大了再次进入直播间的概率。

举个例子，抖音中的技术流玩家"黑脸 V"的视频独具创意，并依靠高超的剪辑技术收获了大量的忠实粉丝。说起"黑脸 V"，我们就能联想到：戴面具的男人、技术流、"特效第一人"。图 3-1 所示为"黑脸 V"的视频。

图 3-1

3.1.2 确定类型

了解了塑造人设的重要性之后，我们再来详细说说，作为一个新主播，应如何选择和确定自己的人设方向。每个主播身上都有闪光点，而将这个闪光点挖掘出来，会吸引一批粉丝，让大家都喜欢你。所以，找到自己的优势和定位是确定直播内容类型以及人设方向的前提。

塑造一个人设其实也不难，如现在的朋友圈、微博以及小红书等多平台的穿搭主播，她们化着时下最流行的妆面，拥有着令人赏心悦目的面容和凹凸有致的身材，穿上自家销售的服装，再进行多角度拍摄。很多人在看到主播拍的照片或视频后都会心动，进而做出购买行为。

但实际上，并不是她们的衣服多好看，而是主播利用自身的外貌优势，吸引了大众，抓住了用户的"也想变美"的心理，让大家都想买一件回来"试试看"。

所以，在开播之前，主播要找到自己的优势，确定人设方向。可以是人美声甜的"邻家妹妹"，也可以是男友力爆棚的女性"老公"，可以是能让人轻松记住的"明星脸"，也可以是多才多艺的文艺青年。如图3-2所示，笔者列举了3种人设的类型，以供大家参考。

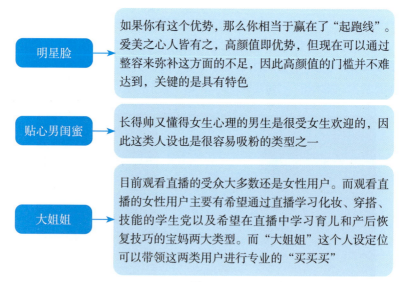

图 3-2

综上所述，根据自身的优势确定人设方向是每一个新主播在开播前就应该确定的，这也是成为一个优秀主播的前提。

3.1.3 打造差异

在找准人设方向之后,用心经营,获取粉丝的信任,很多事都可以事半功倍。最后,关于人设还有很重要的一点,即打造差异化。根据笔者的观察,大多数吸粉快、粉丝多的主播都具有自己的风格,如同样是穿搭主播,你和其他的穿搭主播有什么不同。

除了颜值之外,更重要的是主播要注意自身的内在价值,让路人对你产生良好的第一印象,并且让粉丝认可你的处事风格、言语习惯等。那么,应该如何塑造一个好的人设呢?每一位主播在开播前都可以先问自己4个问题,如图3-3所示。

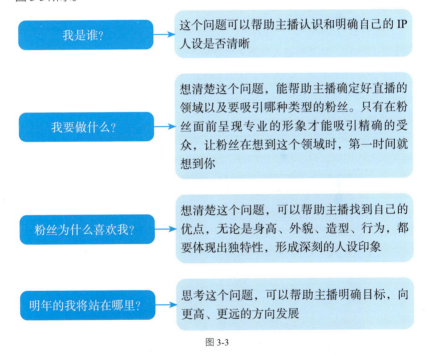

图 3-3

总之,打造差异化是塑造人设的重点,每一位主播都应该通过问自己图3-3所示的4个问题,找到属于自己的人设定位,激发自己的潜能,展现独特的价值。

打造一个差异化的人设可以让你在众多主播中脱颖而出,而利用差异化,能够让你的IP快速具有辨识力及标志性。

3.1.4 清晰定位

清晰定位之后，主播还可以打造专属于自己的直播，这类 IP 往往更容易从直播行业中脱颖而出。那么，在直播中如何打造专属的直播 IP 呢？笔者认为可以从 3 个方面进行考虑，即个人口头禅、独特造型和特色装饰。

1．个人口头禅

口头禅是个人的一种标志，因为口头禅出现的次数比较多，再加上在他人听来通常具有一定的特色。所以，当听到某人的口头禅之后，我们很容易便能记住这个人，并且在听到其他人说他的口头禅时，我们也会想到将这句话作为口头禅的那个在我们心中留下深刻印象的人。

在抖音短视频中，一些具有代表性的头部账号的博主往往都有令人印象深刻的口头禅。如某抖音人气博主会在每条短视频的最后说一句"真好"，通过不断重复地讲述这个口头禅，便会加深粉丝的印象，从而吸引更多的粉丝。此外，粉丝在现实生活中听到这句话也能很快地想起这位博主，这也就达到了打造直播 IP 的目的。

例如，某主播经常会说"OMG""所有女生"。图 3-4 所示为该主播的相关抖音短视频，可以看到其中便出现了他的口头禅。

图 3-4

第 3 章 打造新颖人设

无论是短视频，还是直播，主播或视频中人物的口头禅都能令人印象深刻，甚至当用户在关注某个主播一段时间之后，听到主播在直播中说口头禅时，都会觉得特别亲切。

2．独特造型

我们在第一次看一个人时，除了看他的长相和身材之外，还会重点关注他的穿着，或者说造型。所以，当主播以独特造型面对用户时，用户便能快速记住你，这样你的直播 IP 自然会快速树立起来。

图 3-5 所示为两个主播的直播画面，可以看到这两个主播便是以《西游记》中孙悟空的造型来进行直播的。当我们看到这两个直播之后，很容易便会被主播的造型吸引，并对他们的造型留下深刻的印象。

图 3-5

当然，这里也不是要大家故意做一些奇特的造型去哗众取宠，而是要在合理的范围内，以大多数用户可以接受的、具有一定特色的造型来做直播，争取用造型来给自己的直播 IP 塑造加分。

3．特色装饰

除了个人口头禅和独特造型之外，还可以通过直播间的特色装饰来打造个人直播特色，塑造专属的直播 IP。

直播间的特色装饰有很多，既包括主播后面的背景，也包括直播间画面中的各种设置。相对于主播后面的背景，直播间画面中的相关设置通常要容易操作一些。

图 3-6 所示的两个直播中用贴纸进行了装饰，而抖音用户在看到贴纸之后，因为贴纸的独特性会更容易记住主播及其直播的内容。特色装饰可以帮助主播增强人设。例如，当主播的人设是甜美、乖巧类时，便可以使用一些可爱的装饰，这样会显得主播更加可爱、乖巧。

图 3-6

3.2 主播的强 IP 属性

满世界都在谈论 IP，IP 究竟是什么？简而言之，IP 就是招牌。它是当今互联网营销的一个重要手段和模式。为了更好地了解主播如何通过直播平台进行营销，我们有必要事先了解主播的强 IP 属性。

3.2.1 传播属性

随着移动互联网的飞速发展，网络上各种内容传播的速度也不断加快，作为一个 IP，无论是人还是事物，也都需要在社交平台上拥有较高的传播率。只有在 QQ、微信、微博等主要的移动社交平台都得到传播，才能符合一个强 IP 的要求。

一个强大的 IP 所必需的属性就是传播，只有传播的范围够广，才能影响到各个方面，从而得到更多的利益回报。这也是主播需要学习的地方，在各个不同的平台推广自己，才能成为影响力更强的 IP。

同时，口碑也是 IP 传播属性的重要体现环节。所谓口碑，也就是人们对一个人或一个事物的评价。

很多时候，人们的口耳相传往往比其他的宣传方式更加直接有效。例如，大型连锁书店——诚品书店就是一个具有良好口碑的 IP。相信喜欢逛书店的文艺青年对其都不会感到陌生。图 3-7 所示为诚品书店的官网。

图 3-7

诚品书店之所以能够深入人心，是因为其注重 IP 具备口碑传播的属性。口碑传播越强，品牌效应也就会越大，那么营销也会越成功。因此，主播需要像诚品书店这个 IP 一样，全力塑造自己的口碑，这样自身 IP 就能传播得更广。

诚品书店作为一个独具文艺特色的品牌，凭借其"连锁不复制"的理念和经营多年积累起来的口碑，已经将各种商业活动拓展开来，如文艺展览、网络购物、旅行、不动产等。

3.2.2 内容属性

如果一个 IP 想要吸引更多平台的用户，就应该打造优质并且真正有价值的内容。内容属性也是 IP 一个必不可少的属性，那么它究竟包含哪些特征呢？

在如今这个"营销当道"的时代，内容的重要性是不言而喻的。随着时代的发展，平台的多样化，从微博到微信公众号，内容生产者的自由度也越来越高。用户拥有很多的机会进行碎片化内容的阅读，相应的内容也开始变得多彩多样、个性十足。面对如此繁杂的信息内容，用户不免有些审美疲劳，那么该如何吸引用户的眼球呢？这时候，就需要内容生产者时刻把握市场的动态，关注用户的需求，然后制作相应的内容，打造一个强大的 IP。

主播作为一个需要成为强大 IP 的主体，也应不断了解打造强大 IP 内容属性的方法，并进行模仿和学习。这需要主播不断地努力去迎合市场的需求，抓住大众的心理，以此来创作优质且有价值的内容。

除此之外，内容属性与年轻群体的追求也是分不开的。一个 IP 是否强大，主要是看它塑造出来的内容是否符合年轻人的喜好。

例如，被冠以"第一网红"称号的 papi 酱就是这样一个超级 IP。如她自己所说，她是一个普通的大龄女青年，也是一个集美貌、才华与智慧于一身的美少女。她之所以能够成为一个强 IP，是因为她发布的一些视频大部分都有着清晰的价值观，在内容上贴近年轻人的追求，崇尚真实，摒弃"虚伪"，用幽默的方式对一切"装"的行为进行吐槽。

papi 酱独特的表演方式，集夸张、幽默、搞笑于一体，吸引了众多用户的关注，抖音上更是有上千万人关注她的视频账号。图 3-8 所示为 papi 酱在抖音上发布的短视频。

图 3-8

总之，成为一个强 IP 不仅内容要有质量，还要无限贴近年轻人的追求。主播也是一样，创作的内容要优质且有价值才能吸引广大年轻群体的目光。

3.2.3 情感属性

一个 IP 的情感属性容易引起人们的情感共鸣，能够唤起人们心中相同的情感经历，并得到广泛认可。主播如果能利用这种特殊的情感属性，那么将会得到更多用户的追捧和认同。

例如，抖音平台有一类主播 IP 专门拍摄情感类的故事视频，这类视频能说出大多数人的心声，引起情感上的共鸣。图 3-9 所示为抖音平台某主播发布的情感类短视频。

图 3-9

选择情感的战略是无比明智的，只要与有相同情感诉求的品牌、企业合作，就能将情感属性放大，引发用户情感共鸣，促进主播 IP 的发展，并拓宽发展空间。主播应具备这种情感属性，找到自己的特质，让用户获得情感共鸣和归属感。

3.2.4 粉丝属性

"粉丝"这个名词相信大家都不会陌生，那么"粉丝经济"呢？作为互联网营销中的一个热门词汇，它向我们展示了粉丝支撑起来的强大的 IP 营销力量。可以说，IP就是由粉丝孵化而来的。没有粉丝，也就没有IP。

哪个行业的粉丝数量最为壮观呢？当属影视行业无疑。纵观当下的电视剧，一开播甚至还未开播时就已引得无数粉丝关注和议论，无论是国内的《陈情令》《山河明月》《夏至未至》《风起陇西》《且试天下》，还是国外的《权力的游戏》《致命的女人》《深夜食堂》，它们都有一个共同之处——热门IP。

热门IP是如何由粉丝孵化而来的呢？以电视剧《聊斋》为例，它改编自蒲松龄的短篇小说集《聊斋志异》。这部经典小说集到现在为止，已经被改编成多个影视剧版本了。这样的经典小说集本身就是一个很好的IP，而且往往会自带粉丝，这也就为电视剧的营销做了良好的铺垫。

经典热门IP自带粉丝的属性，能给营销带来无可比拟的方便，这样一个火爆的经典IP自然会使得电视剧在还没开拍时就引起大众的热切关注。图3-10所示为《聊斋志异》书籍。

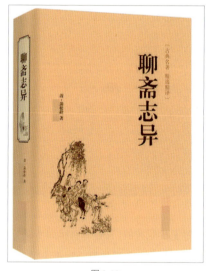

图3-10

凭借这样经典的IP，《聊斋志异》获得了坚实的粉丝基础。而想要进行IP营销，则还需与粉丝进行互动，从而让更多用户主动参与到IP营销之中。

当然，"粉丝经济"不仅在于为IP带来影响力和推广力，最重要的还是在于将粉丝的力量转变为实实在在的收益，即粉丝变现。

例如，2022年热播的电视剧《猎罪图鉴》中的角色"沈翊"吸粉无数。因此，很多他在剧中的同款产品，如衣服、鞋子、手表等也都在淘宝热卖，如图 3-11 所示。

图 3-11

这样的合作方式为电视剧《猎罪图鉴》和淘宝商家都带了巨大的经济效益，而《猎罪图鉴》的 IP 营销也大获成功，粉丝变现得以实现。电视剧《猎罪图鉴》与淘宝商家有着类似的受众群，因此给双方都带来了巨大的粉丝量。粉丝摇身一变成为消费者，其潜在的购买力得以被激发，转变为看得见的收益。

粉丝属性是 IP 的重要属性，粉丝不仅能帮助更好地宣传品牌，还能为商家的利润赚取做出贡献。主播也应学会经营粉丝，这样才能成为一个超级 IP。

3.2.5 前景属性

一个强大的 IP，必定具备一个良好的商业前景。以音乐为例，如果一个原创歌手想要将自己的歌曲打造成一个强 IP，就必须给歌曲赋予商业价值。

随着时代的发展，音乐领域的商业价值不仅体现在唱片的实体销售量上，还包括付费下载和在线播放量。只有把握好各方面的条件，才能卖出更多的产品，打造强大的 IP。

例如，某位歌手因为其空灵、优美的声音深受大众的喜爱，其歌曲、专辑人气也一直很好。图 3-12 所示为该歌手在网易云的专辑界面。

图 3-12

该歌手在刚出道时虽然遇到了重重困难，但时间证明，他的商业价值是不可估量的。他不仅已经成为一个十分强大的 IP，而且其前景也是一片大好。从最初的音乐，到后来的综艺、广告等多个方面，相信这位歌手，即这个超级 IP 以后还会延伸到更深更广的领域。

当然，既然说的是前景属性，那么就并非所有的产品在当下都具有商业价值。商家要懂得挖掘那些有潜力的 IP，打破固态思维，从多方位、多角度进行思考，全力打造符合用户需求的 IP，这样才会赢得 IP 带来的人气，从而获取大量收益。主播同样也要学会高瞻远瞩，看准发展方向，拓宽发展空间，才能成为一个强 IP。

除此之外，伴随性也是一个好的 IP 不可或缺的特征。何谓伴随性？简单地说就是陪伴成长。打个比方，如果你面前有两个动漫玩偶供你选择，价格相等，你会选从小看到大的动漫里的那个，还是长大以后才看的动漫里的那个？相信大多数人都会选择从小看到大的那个，因为那是陪伴他一起成长的，其中承载了成长的点滴。

例如，日本动画片《哆啦 A 梦》已经诞生几十年了，但相关的动画片一直在播放，火热程度也依然不减当年。

所以说，一个 IP 的伴随性也直接体现了其前景性。如果 IP 伴随着一代又一代的人成长，那么它就会打破时间和空间的限制，制造出无穷无尽的商业价值，历久弥新。作为主播，当然也要懂得陪伴的重要性，这样才能成为具有商业价值和市场前景的 IP。

3.2.6 内涵属性

一个 IP 的属性除了体现在外部的价值、前景等方面，还应注重其内在特有的情怀和内涵。而内涵则包括很多方面，如积极的人生意义、引发人们思考和追求的情怀以及深刻的价值观等。

但 IP 最主要的目的还是营销，所以 IP 的内涵属性要与品牌自身的观念、价值相契合，才能吸引用户的眼球，将产品推销出去。

从 IP 营销可以看出，商家需要将自身的特质内涵与 IP 相结合，进行无缝连接，才能让用户自愿参与到营销之中，让商家的 IP 走上强大之路。主播也是一样，只有将自身的闪光点与品牌结合起来，才能成为一个强 IP。

除此之外，主播还可以对经典 IP 进行改编，再推出产品。当然，改编经典 IP 的关键在于体现出更加丰富的内涵。而丰富 IP 的内涵，需要主播将主要精力放在内容的制作上，而不是单纯地追求利益最大化，急功近利是打造 IP 的大忌。只有用心，才能吸引用户投入其中，从而彰显出 IP 的内在价值。

3.2.7 故事属性

故事属性是 IP 吸引用户关注度的关键属性，一个好的 IP，必定是有很强的故事性的。

例如，著名的《西游记》为什么会成为一个大 IP？其主要原因就在于它故事性强。一个墨守成规的和尚；一只大胆勇敢、疾恶如仇的猴子；一头好吃懒做、爱占小便宜的猪；一个憨厚老实、默默无闻的挑夫；还有一匹台词最少的白龙马……在去往西天取经的路上，他们经历了"九九八十一难"，酸甜苦辣都尝遍，最终取得真经，普度众生。仅仅是这几个主人公的个性特点，就能让人们谈论得津津有味。《西游记》的故事性是无可比拟的，自然也就成为强 IP。

一直以来，以《西游记》为基础而创作的影视剧数不胜数，如电视剧《西游记后传》、电影《大话西游》系列、动画片《大闹天宫》等。

图3-13所示为改编自吴承恩小说《西游记》的国产动画片《西游记》的剧照，其中的片尾曲《一个师傅仨徒弟》我们一直耳熟能详。

图 3-13

如果我们仔细分析每一个强 IP，不难发现它们都有一个共同点——故事性强。正是这些 IP 背后的故事，引起了用户的兴趣，从而引起了市场的轰动。

自《致我们终将逝去的青春》开始，电影界就掀起了一阵"青春校园"的热潮。例如，《匆匆那年》《同桌的你》《左耳》《睡在我上铺的兄弟》……这些年大热的国产青春片触动了不少人的回忆与情怀，也吸引了大量的市场和资本。

尽管人们对其内容褒贬不一，但还是在票房和影响力上取得了非凡的成绩。这其中的原因就在于这些青春题材的电影故事性强，正好与用户的口味相符。

根据小说《谁的青春不迷茫》改编而成的同名电影赢得了大众的喜爱，因为它保持了对原著的尊重，在挑选演员方面也没有依靠大腕明星吸引用户，而是选择了年轻团队，凭借故事和对青春的尊敬来赢得 IP 的成功。

青春时代承载了人们太多美好的回忆，也累积了很多有趣的故事。长大成人之后很少能再拥有那份纯真，所以这也是青春电影受到热烈欢迎的原因。

好的故事总是招人喜欢的，在 IP 的故事属性中，故事内容的丰富性是重中之重。对于主播来说，如果你有好的故事，就一定能吸引用户的兴趣。没有好的故事，也许只会火热一时，最终成为过往云烟，被用户遗忘。

3.3 主播人设魅力

每天都有无数的主播加入直播行业中，用户在直播网站可以看见各种风格的主播。也正是因为如此,要成为一名有识别度、有知名度的主播,也变得越来越难。

本节笔者将通过对人设的相关内容进行讲解,帮助主播利用人设来增加个人魅力,从而增加直播的记忆点和话题性,让主播的直播之路更加顺畅。

3.3.1 抓心人设

人设,是人物设定的简称。从字面上可以知晓其含义,就是对人物形象的设定。人设一词最开始是出现在动漫、漫画和影视中的专业词汇,主要是指给特定的对象设定其人物性格、外在形象和造型特征等。

现在,人设这个词汇开始不断地出现在公众视线中,它也成为人际交往中一直被提及的一个概念。在日常生活中,人设的传播效果能够在一定程度上影响现实中的人际交往关系。

人设经营以及对人设崩塌的应对,开始成为我们人际交往中必须要思考的问题。现在,人设的用途有了更广的范围,它不再只是单纯地出现在动漫、漫画里面,而是开始出现在现实生活中的方方面面。

人设的作用和功能也开始显现。在娱乐圈中,人设已经是一种常见的包装、营销手段,许多艺人都贴上某一种或多种人设标签,如"注孤生(注定孤独一生的简称)""学霸""禁欲系""硬汉"等。

那些和实际情况相符的人设,让艺人更具有识别度和认知度,能够不断地加深他们的形象风格,扩大他们的影响力。当然,演艺圈里的艺人更多的还是根据观众和粉丝的需要,主动去贴合观众和粉丝的喜好,从而创造出某种人设。这是因为艺人可以通过创造人设,丰富自己的形象,让观众对其产生深刻的印象,从而保证自己拥有一定的流量。

而主播在某种程度上也和明星艺人有着一些相似之处,他们都是粉丝簇拥的公众人物,都需要粉丝的关注和追随,以便更好地展现出自己的形象,增强自己的影响力。

这也表明,想要在直播行业中发展得更好,主播也是需要树立自己的人设的。因为只有通过准确地塑造人物设定,才能让用户来发现、了解你,让你从众多主播中脱颖而出。

和那些有自己的人设标签的主播相比,一些没有树立起鲜明人物形象的主播就会显得缺乏记忆点。这就是为什么在直播间里,能创造出高销售额的主播不止一个，但是大家能说出名字的，却往往只有几个比较有特色的。

大家可以初步认识到人设的力量是无穷的，人设的影响力也是无形的。所以，主播要明白，树立好自己的人设，在后续的吸粉、引流中是起着重要作用的。只有学会运用人设去抓住用户的目光，让用户对你的直播感兴趣，才能更好地在直播的道路上迈向成功。

3.3.2 了解人设

在日常生活和人际交往中，人设已经渗入每一个人的行为举止中，只是普通人的人设类型比较接地气，更具大众性，但是即便如此也能突出自己的特点，形成自己的特色，从而形成自己的标签，获得他人的关注。

例如，有人想体现出自己好学的一面，那他便会有意无意地向周围的人透露自己最近在看书，或者把自己在看的书的照片发布到社交软件上，从而让他人觉得"他真的很好学"。

通过这种方式在他人心中留下了印象，就可以说明此人是在树立自己的人设。在树立人设的过程中，需要通过日常生活中的各种行为，不断地加强人设，以此增强自己的魅力。

同时，人设的树立，对于提高、加深自身形象的好感度、认知度起着非常重要的作用。对角色进行人物的设定，可以使得角色形象更加鲜明、有特色。

美国社会学家欧文·戈夫曼曾经说过："在若干人相聚的场合，人的身体并不仅是物理意义上的工具，而是能作为传播媒体发挥作用。"

我们都知道，如果某人喜欢说话，并且热衷于谈话艺术，那么只要他适当地展现出这一特点，并进行一点点的自我宣传与传播，那么他的形象就会被人冠以"能言善道""巧舌如簧"等人设标签。

相反，如果某人既不重视自己的谈话技巧，也不重视自己的外在形象，那么在与人交流沟通的时候，也会得到一些标签，只不过那些标签是负面的。当然，这也算是完成了自己人设的塑造，只是塑造的人设不见得被大多数人喜欢。

由此可知，在当今社会中，人设就是个人的标签，而主播完全可以通过发现、创造自己的人设，打造自己的特色。

在很多时候，人物可以塑造人设，而人设也可以成就人物。因此，主播需要了解人设的相关内容，从而更好地塑造自己的人设。

1．人设的作用

通过设定好的人物性格、特征，也就是"卖人设"，可以迅速吸引更多的潜在用户关注你。毕竟粉丝就是经济力，塑造出迎合大众的人设，并把自己的人设形象维持好，就能带来一定的收益。

就像在娱乐圈中，明星艺人没有自己的人设，是很难在圈子里立足的。几乎所有明星艺人都在积极地塑造自己的人设，当大家提到某个明星的时候，总会在脑海里出现其对应的人设标签。

甚至，越来越多的品牌也开始不断地树立、巩固和加强自身的形象，给品牌贴上标签，不仅能使品牌的知名度大幅度提升，勾起无数用户的购买欲望，还能让用户自发地去对品牌进行二次传播和推广。

例如，小米的"高性价比"标签、江小白的"文艺青年江小白"标签，都吸引了许多用户的关注，而其对应的品牌的知名度也获得了快速传播。

明星艺人和品牌之所以要打造人设和标签，就是希望观众和用户可以对他们或他们的产品产生更具体的印象，以此获得更多的关注度。

总而言之，不管是人物的人设，还是品牌的标签，其打造的原因和目的都是一样的，对于主播来说也是如此，拥有鲜明的人设，就可以更好地展示个人形象。

2．人设的经营

对于主播来说，不仅要确定好自己的人设，更要学会如何去经营人设，这样才可以保证自身树立的人设能够得到广泛的传播，达到自己想要的效果。

人设的经营是一件需要用心去做的事情，只有这样才能使自己的人设成功树立起来。具体来说，主播可以从如下4个方面做好人设的经营。

1）选择符合本身性格、气质的人设

主播应该根据自己的实际情况来挑选和塑造人设，这样才能起到较好的传播效果。因为如果人设和自身的真实性格差别较大，很容易导致传播效果出现偏离。此外，树立的人设和自己的性格如果相差太大，也容易出现人设崩塌。

2）根据自身人设采取实际行动

实际的行动永远比口头上说一百次的效果有力得多，主播向外界树立起自己的人设后，要根据自身人设采取实际行动，这样才会获得用户的信任，这也是人设经营的基础和关键之处。

3）根据他人的反馈及时调整

人设传播的直接体现就在于他人对于某人设的反馈情况。所以主播可以了解身边的工作人员和朋友对自身人设的反应。这样主播就可以及时地对自身人设进行一些合理的改进和调整，尤其是可以及时更新人设形象，使它更加符合用户想看到的模样。

4）开发、树立多方面的人设

单一的人设虽然安全，在经营上也比较轻松，但是可能会使得人物形象过于单调、片面。毕竟人的性格本身就是多样化的，所以开发、树立多面的人物设定，可以让人物的形象更加饱满、更具有真实感。

此外，不同的人设，可以吸引到不同属性的用户，也可以满足用户的好奇心和探究欲，让他们更加想了解你。

这种多方面的人物设定，有利于增加自身形象的深度，也能维护粉丝对自己形象的新鲜感。例如，人物角色的两种反差设定，可以使人物形象更加丰富、立体，从而使自己的形象更加出色。

但是，需要注意的是，主播在树立多种人设形象时，这些人设的风格、类型不要相差太大，否则"人设"和"人设"之间就会显得自相矛盾，不真实。

3．人设的影响

第一印象，这个词汇大家都不陌生，我们常常会说起的话，如当时对某某的第一印象怎么样，后来发现怎么样。而一些成语里的"第一印象"，也起着关键作用，如"一见如故""一见钟情"，它们都是在"第一印象"的作用下产生的一系列行为和心理反应。

在人设运营中，第一印象自然也有着重要的作用，这是非常重要的一点。下面介绍一下关于"第一印象"的知识，以此帮助主播树立起良好的个人形象。

第一印象是光圈效应的铺垫，同时也是运营人设过程中的一个重要环节，它的重要性可见一斑。而非常幸运的是，第一印象是能够人为经营和设计的。这表示，主播可以通过人为制定自己的内外形象、风格，重新改变自己给他人带来的第一印象，从而塑造出成功的人设形象。

第一印象的形成，对于之后在人际交流中获得的信息有着一定的固定作用。这是因为人们总是愿意以第一印象作为基础，然后在这个基础上，去看待、判断之后接受的一系列信息，这种行为会让人产生固定的印象。

例如，很多经典影视剧在被观众观看以后，里面的经典人物便会在观众心中形成固有印象，甚至有时会认为演员与戏中的那人一样，从而去喜欢或迁怒，就像《还珠格格》里面的容嬷嬷，《新白娘子传奇》里面的白娘子。

3.3.3 独特人设

大众对于陌生人的初次印象往往是不够突出、具体的，而且还存在一定的差异性。大部分人对陌生人的印象，基本处于一个模糊的状态。

其实，个人所表现出的形象、气质，完全可以通过人设的经营进行改变。例如，主播可以通过改变发型，塑造出和原先不同的视觉效果，使用户对你的形象产生新的记忆，从而更好地进行人设的调整。

在人际交往中，有的人通过利用主观和客观的信息来塑造人设，从而达到预期的传播效果。人设经营，可以说就是在他人的看法、态度和意见的总结之上进行不断调整和改进的。

学会打造独特的人设，可以使主播拥有与众不同的新鲜感，让主播在人群中脱颖而出。此外，对外输出效果的好坏，会直接决定人设经营是否成功。下面笔者就来介绍打造独特人设的基本方法。

1．确定类型：选择合适的人设

确定自己的人设类型是否合适，关键需要考虑的就是是否满足了自身所面向的用户的需求，因为人设塑造的直接目的就是吸引目标用户的关注。

人设可以迎合用户的移情心理，从而增强目标用户对人设的认同感，这样才可以让用户愿意去了解、关注主播。所以，在人设塑造过程中，确定好人设的类型是一个关键点。对于主播来说，确定合适的人设可以快速引起用户的兴趣，刺激用户持续关注直播内容。

需要格外注意的是，主播在塑造自己的人设时，要以自身的性格为核心，再向四周深化，这样便于之后的人设经营，同时也能增加用户对于人设的信任度。确定好人设类型后，主播可以进一步考虑自己的人设是否足够独特。

对于想从事直播销售的新主播来说，前面已经有了一批成熟的销售主播，这时新主播想要从中脱颖而出，就需要耗费一定的精力和时间。

对此，新主播可以考虑在那些还没有人使用的人设类型里找到适合自己的人设标签，继而创造出独一无二的人设。虽然这种人设有点难以找到，但是对于新主播来说，完全可以利用这个鲜明独特的人设，树立起自己的主播形象。

2. 设定标签：增加直播搜索度

一个人一旦有了一定的影响力就会被所关注的人贴上一些标签，这些标签可以组合成一个虚拟的"人"。当提到某个标签时，许多人可能会想到一些东西，这并非只是想到一个单纯的名字，而是某人带给他的印象或标签，如严谨、活泼、可爱和高冷等。

主播也可以试着把这些人设标签体现在账号名称和直播标题中。这样一旦有人在直播搜索栏中搜索相关的标签，都有可能搜索到自己。图3-14所示为在"淘宝直播"中搜索"甜美""御姐"的结果。

图 3-14

3. 对标红人：找到精准的人设

人格魅力的产生，很大程度上是源于用户对主播的外貌、穿衣打扮的一个固有形象的印象，以及主播在直播间表现的性格。一个精准的主播人设，可以拓展直播的受众面，吸引到感兴趣的用户。

精准的人设，就是说到某一行业或内容时，用户就能想到具体的人物。而主播要做的就是在学习他人成功经验的基础上，树立自己的精准人设，让自己成为这类人设标签里的红人。

例如，一个男主播要想成为口红带货的 TOP 级主播，可以先参照同领域内的头部主播的成功经验再进行直播，同时在直播中树立起自己的独特人设（如站在用户的角度思考问题，只为用户推荐高性价比口红的真诚主播形象），通过持续直播让自己慢慢成为口红直播行业中的红人。

3.3.4 人设标签

树立人设的一个关键作用就是让主播可以和其他主播区分开来，所以当主播在选择自己的人设时，必须要和其他主播的人设区分开来。为了避免出现同年龄、同类型的主播人数太多，而无法有效地突出自己的人设，主播在选择人设形象时，要选择便于用户搜索和区分的人设。

主播的人设类型具有多样性，许多主播正是通过细分人设这种方式，去减少与其他主播的竞争。对于主播来说，人设就代表着自身的形象魅力和特色。主播只要把设定的形象不断地向用户进行展示和强化，自然就可以在用户心中留下深刻的印象，所以塑造人设的基本策略就是差异化。

下面将向读者介绍几种主播人设类型，帮助大家了解不同人设的特点、风格，从而更好地寻找有特色的人设标签。

1. 人美声甜的"邻家小妹"

这种人设的主播，一般外形可爱、声音好听，给人一种活泼可爱的感觉。如果主播以这种人设进行男装直播销售，会更加能够引起用户的关注。这类主播在塑造自己的人设时，大致有两种表现方法。

一种是主播在直播时，通过发型、饰品上的修饰来巩固自己的人设类型。例如，主播可以简单地利用草帽、发带这些饰品来展现自身的人设风格。

另一种展现自身人设形象的方式相对简单一些。因为这类主播的形象非常贴近邻家的风格，所以在直播的时候，她们只需简单的马尾或丸子头就可以体现出自身的人设形象。

2. 形象和外表反差的"男友"

这种人设表现为外表是美丽的女性，而所表现出来的肢体语言却是非常的简洁、帅气，有"男友"风格。这类主播在直播间穿着上的整个风格就比较干练、中性，所以比较适合一些职场装、西装类的带货直播间。

这种具有反差性的人设，不仅能吸引男性用户的关注，还能吸引女性用户的追随，满足她们希望被人保护的心理。

3．专业暖心的"大姐姐"

这种人设的主播通常都具有一定的专业性，能够给观看直播的用户一些有用的建议。同时，她们往往会从为用户考虑的角度进行产品的推荐，让人看上去就觉得主播是一个暖心的"大姐姐"。

观看直播的用户中 80% 以上都是女性，因此主播要学会抓住女性的兴趣和目光，获得她们的信任以及追随。这种拥有大量时间去观看直播的女性用户，不仅拥有强烈的购买需求，而且具备一定的购买能力。观看直播的女性群体一般可以分为两大群体，如图 3-15 所示。

观看直播的女性用户类型
- 学生：想学习更多的护肤、化妆和服饰搭配技巧
- 宝妈：想学习更多的育儿、产后修复和护理肌肤技巧

图 3-15

这两类人群对于技巧类的直播内容都非常渴望，她们希望遇到一个专业的人来带领她们。而专业暖心的"大姐姐"人设，就可以很好地解决她们的疑惑，满足她们的心理需求，让她们可以放心购买产品。

3.4 本章小结

本章从人设出发，帮助各位主播打造一个新颖的人设，从而在众多的直播间中能吸引到更多的观众。本章共分为 3 部分，首先是脱颖而出的主播人设，主要介绍主播应该怎样打造一个新颖的人设；其次是主播的强 IP 属性，包括传播属性、内容属性、情感属性、粉丝属性、前景属性、内涵属性以及故事属性；最后是主播的人设魅力，向读者介绍了主播增加人设魅力的方法。

3.5 本章习题

1. 主播的强 IP 属性包括哪些？
2. 怎么打造独特人设？

Chapter 04

第4章
打造一流口才

出色的主播都拥有强大的语言能力,有的主播会多种语言,让直播间妙趣横生;有的主播段子张口就来,让直播间多姿多彩。那么,如何提高语言能力、打造一流的口才呢?本章将从3个角度为主播讲解提高语言能力的方法。

4.1 语言表达能力

直播最大的特点之一是具有强互动性，因此在直播中，主播的语言表达能力对直播间的影响重大。那么如何培养、提高主播的语言表达能力呢？本节将为大家简要介绍提高语言表达能力的方法。

4.1.1 语言能力

首先，我们需要提高个人的语言能力，一个人的语言表达能力在一定程度上体现了这个人的情商。我们可以从以下几个方面提高个人的语言能力。

1．注意语句表达

在语句的表达上，主播首先需要注意话语的停顿，把握好节奏。其次，语言表达应该连贯，自然流畅，如果表达不够清晰可能会在观众接收信息时造成误解。最后，可以在规范用语上发展个人特色，形成个性化与规范化的统一。

总体来说，主播的语言表达需要具有的特点包括规范性、分寸感、感染性、亲切感，具体分析如图 4-1 所示。

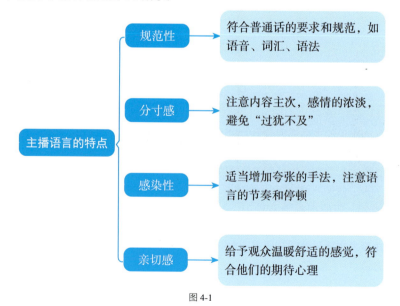

图 4-1

2．自身知识积累

主播可以在线下注重提高自身的修养，通过多阅读来增加知识的积累。大量的阅读可以提升一个人的逻辑能力以及语言组织能力，进而帮助主播更好地进行语言表达。

3．进行有效倾听

倾听是一个人最美好的品质之一，同时也是主播必须具备的素质。和粉丝聊天谈心，除了会说，还要懂得用心聆听。在主播和用户交流沟通的互动过程中，虽然表面上看来是主播占主导，但实际上是以用户为主。用户愿意看直播的原因就在于能与自己感兴趣的人进行互动，主播要懂得了解用户关心什么、想要讨论什么话题，就一定要认真倾听用户的心声和反馈。

4．结合肢体语言

单一的话语可能会不足以表达信息，主播可以借助动作、表情进行辅助表达，尤其是眼神的交流，其次夸张的动作也可以使语言更显张力，如图4-2所示。

图 4-2

5．注意把握时机

良好的语言表达能力还需要主播挑对说话的时机。每一个主播在表达自己的见解之前,都必须要把握好用户的心理状态。

例如,对方是否愿意接受这个信息,或者对方是否准备听你讲这个事情。如果主播丝毫不顾及用户心里怎么想,不会把握说话的时机,那么只会事倍功半,甚至是做无用功。但只要选择好时机,那么让用户接受你的意见还是很容易的。

打个比方,如果一个电商主播在购物节的时候跟用户推销自己的产品,并承诺给用户折扣,那么用户在这个时候应该会对产品感兴趣,并且会趁着购物节的热潮毫不犹豫地购买该产品。

总之,把握好说话的时机是培养主播语言能力的重要因素之一,只有选对时机,才能让用户接受你的意见,对你讲的内容感兴趣。

4.1.2 幽默技巧

在这个人人"看脸"的时代,颜值虽然已经成为直播界的一大风向标,但想要成为直播界的大明星级人物,光靠脸和身材是远远不够的。

有人说,语言的最高境界就是幽默。拥有幽默口才的人不仅会让人觉得很风趣,还能折射出一个人的内涵和修养。所以,一个专业主播的养成必然少不了幽默技巧。

1. 收集素材

善于利用幽默技巧是一个专业主播的成长必修课。幽默的第一步就是收集幽默素材,然后合理运用,先模仿再创新。

首先主播可以利用从生活中收集的幽默素材,培养自己的幽默感。先通过观看他人的幽默段子以及热门的"梗",再到直播间进行模仿,或者利用故事讲述出来,让用户忍俊不禁的同时可以体现自己的与时俱进。用户都喜欢听故事,而在故事中穿插幽默则会让用户全神贯注地将身心都投入主播的讲述之中。

幽默也是一种艺术,艺术来源于生活而高于生活,幽默也是如此。生活中的很多幽默故事就是由生活的片段和情节改编而来。

2. 抓住矛盾

如果一名主播已经有了一定的阅历,对自己的粉丝也比较熟悉,知道对方喜欢什么或者讨厌什么，那么就可以适当地攻击他讨厌的事物以达到幽默的效果。

例如，他讨厌公司的食堂，认为那儿的饭菜实在难以下咽，那么你就可以这样说："那天我买了个包子，吃完之后从嘴里拽出了两米长的绳子。"抓住事物的主要矛盾，这样才能摩擦出不一样的火花。

主播在抓住矛盾、培养幽默技巧的时候，可以遵循6个原则：积极乐观、与人为善、平等待人、宽容大度、委婉含蓄、把握分寸。所以说，主播在提升自身的幽默技巧时也不能忘了应该遵守的相关原则，这样才能更好地引导用户，给用户带来高质量的直播内容。

3．幽默段子

"段子"本身是相声表演中的一个艺术术语。随着时代的变化，它的含义不断拓展，也多了一些红段子、冷段子、黑段子的独特内涵，近几年频繁活跃在互联网的各大社交平台。

而幽默段子作为最受人们欢迎的幽默方式之一，也得到了广泛的传播和发扬。微博、综艺节目、朋友圈里将幽默段子运用得出神入化的人比比皆是，这样的幽默方式也赢得了众多粉丝的追捧。

幽默段子是吸引用户注意的绝佳办法。主播想要培养幽默技巧，就需要努力学习段子，用段子来征服粉丝。例如，某央视主持人，也被称为"国家级段子手"，他在新闻直播间内总是能讲出许多幽默段子，因此吸引了不少粉丝。

4．自我嘲讽

讽刺是幽默的一种形式，相声就是一种讽刺与幽默相结合的艺术。讽刺和幽默是分不开的，要想学得幽默技巧，就要先学会巧妙的讽刺。

最好的讽刺方法就是"自黑"。这样的话既能逗粉丝开心，又不会伤了和气。因为粉丝不是亲密的朋友，如果对其进行讽刺或吐槽，很容易引起他们的反感和愤怒。很多著名的主持人为了达到节目效果，经常会进行"自黑"，逗观众开心。

现在很多直播中，主播也会通过这种自我嘲讽的方式来将自己"平民化"，逗粉丝开心。自我嘲讽这种方法只要运用得恰当，达到的效果还是相当不错的。当然，主播也要把心态放正，将"自黑"看成一种娱乐方式，不要太过认真。

4.1.3 策划内容

对于想要进行直播却不知道如何进行直播的用户,可以按照以下步骤进行直播。首先,在直播之前,主播可以对直播内容进行策划,以电商直播为例,在直播中需要把握以下重点。

1.讲述产品特点

主播需要让用户了解你的带货产品,讲述产品的特点是最直接了当的方式,其中最主要的特点是产品的作用以及产品的优势。如服饰直播,主播在介绍服装的时候,可以讲述衣料情况并出示相关证明。如图4-3所示,主播还特意将相关的检测报告展示出来。

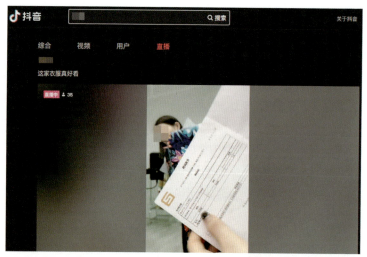

图 4-3

仅仅口头讲述产品的好坏,一般来说是无法让用户完全信服的,而将相关证明展示出来的方式在直播间内是很少见的,因为一般没有商家会特意去检测。因此,当主播将衣服的检测报告展示出来后,往往用户会更加信服。

2.讲述产品价格

熟悉完产品之后,需要讲述产品的价格,在价格上可以突出本次直播的优惠性,以及购买福利,还可以借助动作手势进行表达。当主播讲述产品价格时,在直播间左下方的产品信息栏中也会显示产品的价格,如图4-4所示。

第 4 章 打造一流口才

图 4-4

3．试穿效果展示

在服饰的直播中，主播可以进行试穿，或者让模特进行试穿，以向用户展示效果。图 4-5 所示为直播中主播进行汉服试穿的效果展示。

图 4-5

4．讲述产品数量

产品的数量包括直播间中本次上架的数量以及剩下的数量，在数量上可以进行限制或者将产品批次上架，营造紧张的气氛，如果产品没有了，或已经下架了，也需要在直播间内提醒用户。如库存仅 100 件，先付款先得等。

4.1.4 应对提问

许多观众之所以会对主播进行评论，主要就是因为他对产品或直播中的相关内容有疑问。针对这一点，主播在策划直播脚本时，应尽可能地选择一些能够引起观众讨论的内容。这样做出来的直播自然会有观众感兴趣的点，而且观众参与评论的积极性也会要更高一些。

此外，当用户对主播进行提问时，主播一定要积极做好回复。这不仅是态度问题，还是获取用户好感的一种有效手段。那么，怎样做到积极回复用户的提问呢？

一是在用户进行提问之后，要尽可能快地做出回复，让用户觉得你一直在关注直播间弹幕的情况。

二是尽可能多地对用户的提问做出回复，这可以让被回复的用户感受到你对他的重视，主播回复的弹幕越多，获得的粉丝就会越多。

4.1.5 留言活跃

打造活跃的评论区主要可以起到两个方面的作用：一是增加与粉丝的沟通，做好用户的维护，从而更好地吸引用户关注账号；二是随着评论数量的增加，主播的热度也将随之增加。

这样一来，主播将获得更多的流量，而直播的营销效果也会更好。下面为读者介绍 5 种打造活跃的直播评论区的方法。

1．内容引起观众讨论

许多直播用户之所以会对直播进行评论，主要就是因为他对于直播中的相关内容有话要说。针对这一点，主播可以在策划直播脚本时，尽可能地选择一些能够引起用户讨论的内容。这样做出来的直播自然会有直播用户感兴趣的点，而直播用户参与评论的积极性也会更高一些。

以化妆品的短视频为例，许多人都有闭口、痘痘、黑眼圈、眼袋等问题，于是部分主播据此打造了短视频内容,促使有过皮肤困扰的用户点击以及评论。同样,这类分享在化妆品的直播中也适用。

爱情自古以来就是一个能够引起广泛关注的话题,每个人都有自己的爱情观,同时每个人也希望收获到自己梦想中的爱情。但是,现实与梦想之间却存在着一些差距,现实中的很多爱情并非那么美好。例如,有的人在爱情中太过偏执、控制欲太强,甚至爱得太过疯狂。于是部分短视频运营者据此打造了短视频内容,引起了用户的讨论,如图4-6所示。

图 4-6

爱情这个话题也可作为直播间的内容,每个用户对于爱情都会有自己的看法。因此,在直播间的用户也会因为内心对于爱情的一些感触,进而纷纷发表评论。

2. 引导粉丝主动留言

在直播平台中,有一部分用户在刷直播时会觉得打字有些麻烦。除非看到了自己感兴趣的话题,否则他们可能没有心情,也没有时间对直播进行评论。为了更好地吸引这部分直播用户积极主动地进行评论,主播可以在直播中设置一些直播用户都比较感兴趣的互动话题。

主播可以以日常生活中不经意间经历的一些痛(如脚趾不小心踢到了坚硬的物体)为话题打造一个直播。因为这种不经意的痛大多数人在日常生活中都经历过,甚至直播中展示的集中不经意间的痛,部分直播间的用户全部都经历了。看到这个话题之后,许多用户会主动在评论区发表自己的意见。

其实每个人都是有表达需求的,只是许多人认为,如果涉及的话题自己不感兴趣,或者话题对于自己来说意义不大,那么就没有必要花时间和精力去表达自己的意见了。因此,主播如果想让直播用户积极地进行表达,就需要通过话题的设置先引起直播用户的表达兴趣。

3．内容引发粉丝共鸣

运营者必须懂得一个道理,那就是每种内容能够吸引到的用户是不同的。同样是歌曲,那些阳春白雪类型的歌曲能够听懂的人很少,注定会曲高和寡;而那些下里巴人类型的歌曲,虽然通俗,但是能获得更多人的应和。

其实,在做直播内容时也是同样的道理。如果主播做的是专业的、市场关注度不高的内容,那么做出来的直播,有兴趣看的人会很少,而观看直播的人就更少了。相反,如果直播做的是用户普遍关注的,并且是参与门槛低的内容,那么那些有共鸣的用户,自然而然就会点击进入直播并参与评论。

因此,主播如果想让直播获得更多的评论,可以从内容的选择上入手,重点选择一些参与门槛低的内容,通过引发直播用户的共鸣来增加直播的评论量。

减肥是普遍关注的一个话题,而且许多观看直播的用户也有减肥的计划,或者正在减肥,所以主播可以对自己的减肥经历进行分享和展示。

4．提问方式吸引观众

相比于陈述句,疑问句通常更容易获得回应。这主要是因为陈述句只是一种陈述,其中并没有设计参与环节。而疑问句则是把问题抛给了用户,这实际上是提醒用户参与互动。因此,在直播文案中通过提问的方式进行表达,可以吸引更多用户回答问题,从而直接提高评论量和评论区的活跃度。

可以通过一个提问吸引用户回答问题来提高评论区的活跃度。例如,主播可以问用户:"有多少人(是)这样借钱(的)?"之后对借钱前后的态度转变进行展示:借钱时,直播中的人物喜笑颜开,并拱手感谢;而借钱之后,让他还钱时,直播中的人物则一脸怒容。

自古以来,借钱就是一个非常敏感的话题,如果不借,可能会破坏彼此的感情;如果借了,对方又没有按时还,那么让对方还钱又是一件麻烦的事。一旦处理不好,就会造成矛盾。再加上许多人在借钱给他人的过程中,几乎有一些不愉快的经历。当主播就这个话题提问时,许多用户就会纷纷进行评论,表达自己的态度。

5．采用场景化的回复

场景化的回复，简单的理解就是结合具体场景做出的回复，或者能够通过回复内容想到具体场景的回复。例如，在通过回复向直播用户介绍某种厨具时，如果把该厨具在什么环境下使用、使用的具体步骤和使用后的效果等内容进行说明，那么回复内容便变得场景化了。

相比于一般的回复，场景化的评论在直播用户心中构建起了具体的场景，所以直播用户看到回复时，更能清楚地把握产品的具体使用效果。而大多数直播用户对于产品在具体场景中的使用又是比较在意的，因此场景化的回复往往更能吸引直播用户的目光。

4.2 卖货聊天技能

如果在直播间不知道如何聊天，遭遇冷场怎么办？为什么有的主播的直播间能一直聊得火热？在本节中笔者将为大家提供 5 种直播卖货聊天的小技巧，为主播解决直播间"冷场"的烦恼。

4.2.1 感恩心态

俗话说："细节决定成败！"如果在直播的过程中对细节不够重视，那么用户就会觉得主播在直播的过程中显得有些敷衍。

在这种情况下，直播间的粉丝很可能会出现快速流失的情况；相反，如果主播对细节足够重视，用户就会觉得你在用心运营。而用户在感受到你的用心之后，也会更愿意成为你的粉丝。

在直播的过程中，主播应该随时感谢观众，尤其是进行打赏的用户，还有新进入直播间的用户。在淘宝直播平台中，有的主播会对直播间新进入的粉丝设置欢迎词。

除了表示感谢之外，通过细节认真回复直播间用户的评论，让用户看到你在用心运营，也是一种留住粉丝的有效手段。

4.2.2 乐观心态

在现实生活中会有一些喜欢抬杠的人，而在网络上，许多人因为披上了"马甲",直接变身为"畅所欲言"的"键盘侠"。

对于这些喜欢吐槽,甚至是语言中带有恶意的人,作为一个主播一定要保持良好的心态。千万不能因为这些人的不善而与其"互喷",否则许多用户就有可能会成为你的"黑粉",来寻求其自身的存在感,以及在你身上发泄自己的不满。

在面对个别用户带有恶意的弹幕时,不与其"互喷",而是以良好的心态进行处理,这也是一种有素质的表现。这种素质有时候也能让你成功获取其他粉丝的关注以及赞赏。那么,在面对用户的吐槽时,要如何进行处理呢?给大家提供两种方案。

(1)用幽默的回复面对吐槽,在回复用户弹幕评论的同时,让用户感受到你的幽默感。以美妆为例,因为视频中出镜的女性长得不是很好看,所以许多用户在评论区恶意评论,让出镜的女性戴面纱遮住脸。看到这些评论时,主播不仅不生气,反而用比较幽默的表达积极进行回复。许多原本带有恶意的用户,在看到其回复之后,也不禁生出了一些好感,如图4-7所示。

图 4-7

> **特别提醒** 此外,主播自己也可以在直播间内自我解嘲,应对用户的恶意评论。在直播间中比较豁达、幽默以及善于自我解嘲的主播,通常会受到许多观众的喜爱。

(2)对于恶意的评论,直接选择不回复,避免造成语言上的冲突。在直播的弹幕界面,偶尔会看到其中部分用户带有恶意的评论,当主播看到这些评论时,可以不用理会,继续直播。

在实际操作时，主播也可以将这两种方案结合使用。例如，当吐槽比较多时，可以用幽默的表达回复排在前面的几个弹幕。而那些排在后面的弹幕，或者带有明显恶意的弹幕信息，直接选择不回复就好了。

4.2.3 换位思考

面对用户进行个人建议的表达时，首先主播可以站在用户的角度，进行换位思考，这样更容易了解回馈信息的用户的感受。

其次，主播可以通过学习以及察言观色来提升自己的思想和阅历。此外，察言观色的前提需要心思细腻，主播可以细致地观察直播时以及线下互动时观众的态度，并且进行思考和总结，用心去感受观众的态度，并多为他人着想。"为他人着想"主要体现在以下3个方面，如图4-8所示。

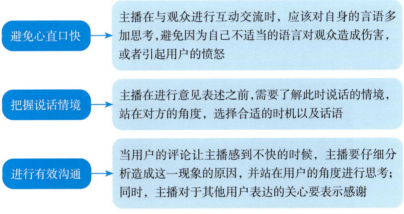

图4-8

4.2.4 低调谦虚

面对粉丝的夸奖以及批评都需要保持谦虚礼貌的态度，即使成为热门的主播也需要保持谦虚。谦虚耐心会让主播获得更多粉丝的喜爱，即使是热门的主播，保持谦虚低调也能让主播的直播生涯更加顺畅，并且获得更多的路人缘。

4.2.5 适可而止

在直播聊天的过程中，主播要注意把握好度，懂得适可而止。例如，在开玩笑的时候，注意不要过度，许多主播因为开玩笑过度而遭到封杀。因此，懂得适可而止在直播中也是非常重要的。

还有一些主播为了迅速爆红，故意蹭一些热点事件的热度。例如，在地震的时候"玩梗"或者发表一些负能量的话题，为引起用户的热议，增加自身的热度。结果反而引起群众的愤怒，最后遭到禁播。

4.3 变现语言技巧

在直播中，想要赢得流量，获取用户的关注，作为主播需要把握用户的心理，并且投其所好。在本节中笔者将为大家讲述5种帮助主播提高销售能力的方法。

4.3.1 提出问题

如何在直播中提出问题？以电商直播为例，在介绍之前，主播可以利用场景化的内容先表达自身的感受和烦恼，再与观众进行聊天，最后引出问题，并且让这个问题在直播间保持话题互动。图4-9所示为抖音护肤品直播，主播全程都围绕着肌肤的问题进行讲解。

图4-9

4.3.2 放大问题

在提出问题之后，还可以将问题尽可能全面地放大化。例如，美妆产品的直播，以护肤产品为例，主播可以将护肤的重要性以及不护肤的危害适当夸张，如不护肤会加速皮肤衰老等。图4-10所示为在淘宝直播中主播讲述护肤以及补水的重要性。

图 4-10

4.3.3 引入产品

讲述完问题之后，主播可以引入产品来解决问题。图 4-11 所示为主播进行水果引入的直播。

图 4-11

除此之外，还可以进行服饰上的推荐，如怎样搭配显瘦，接着进行一些穿搭推荐，或者还可以从运动工具上进行讲解，如瑜伽垫、瑜伽球等。

4.3.4 提升高度

引出产品之后，如图 4-12 所示，主播还可以从 3 个角度对产品进行讲解，为产品增加附加值。

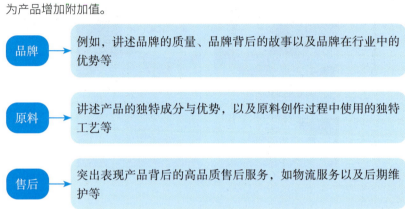

图 4-12

此外，在讲解产品的时候，还可以将品牌创始人的故事讲述出来。图 4-13 所示为褚橙产品的包装。故事的主人公为褚时健，当年褚时健从烟王变成了囚犯，而后在 75 岁时又重新创业。将创始人的故事讲述出来能很好地提升产品的价值。同时，将普通的橙子"渲染"成了"励志橙"，一方面用户是因为褚时健对橙子的精心栽培，使橙子更加甜美；另一方面也是因为想品味、学习褚时健的那种再次创业的精神，那种在失意后仍然不服输、永不放弃的精神，以及对橙子的栽种精心钻研的精神，以此来自我激励。

图 4-13

4.3.5 降低门槛

最后一个方法是降低门槛，讲完优势以及提高产品价值后，主播应该提供给用户本次购买的福利，或者利用限制数量来制造紧张感，让观众产生消费冲动，在直播间下单。图4-14所示为福利价直播间，在直播间中，产品的优惠力度非常大，还有各种福利。

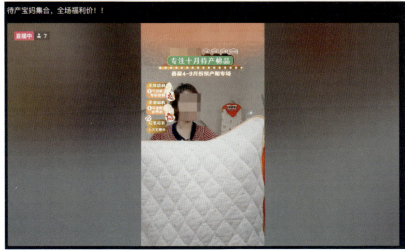

图 4-14

4.4　本章小结

本章主要内容在于帮助主播打造一流的口才技能,分别从语言表达能力、卖货聊天技能以及变现语言技巧 3 个方面进行介绍。其中,语言表达能力包括语言能力、幽默技巧、策划内容、应对提问、留言活跃等内容;卖货聊天技能包括感恩心态、乐观心态、换位思考、低调谦虚、适可而止;变现语言技巧包括提出问题、放大问题、引入产品、提升高度、降低门槛等。

4.5　本章习题

1. 主播的语言表达需要具有哪些特点?
2. 打造活跃的直播评论区有哪几种办法?

Chapter 05

第5章
必备销售技巧

　　主播在直播间卖货时，如何把产品销售出去，是整场直播的核心点。主播不仅需要运用一定的表达技巧和观众进行互动、交流，同时还要通过活动和利益点来抓住观众的消费心理，从而促使他们完成最后的下单行为。

5.1 直播间卖货的要点

在各大直播平台上,想要打动直播间观众的心,让他们愿意下单购买商品,主播需要先锻炼好自己的直播销售技能。本节将分享一些关于直播销售的心得体会,来帮助主播更好地进行直播卖货工作。

5.1.1 转变身份

主播是一种通过屏幕和观众交流、沟通的职业,它必须依托直播方式来让观众对产品产生兴趣并进行购买,这种买卖关系使得主播会更加注重建立和培养自己与观众之间的亲密感。

因此,主播不再是冷冰冰的形象或者单纯的推销机器,而渐渐演变成为更加亲切的形象。主播会通过和观众实时的信息沟通,及时地根据观众的要求进行产品介绍,或者回答观众提出的有关问题,实时引导观众进行关注、加购和下单等操作。

正是由于主播的身份转变需求,很多主播在直播间的封面上一般都会展现出邻家小妹或者调皮可爱等容易给观众带来好感的形象。

当主播的形象变得更加亲切和平易近人后,观众对于主播的信任和依赖会逐渐加深,也会开始寻求主播的帮助,借助主播所掌握的产品信息和相关技能,帮助自己买到更加合适的产品。

5.1.2 管好情绪

主播在直播卖货过程中,为了提高产品的销量,会采取各种各样的方法来达到自己想要的结果。但是,随着步入直播平台的主播越来越多,每一个人都在争夺流量,想要吸引粉丝、留住粉丝。

毕竟,只有拥有粉丝,才会有购买行为的出现,才可以保证直播间的正常运行。在这种需要获取粉丝流量的环境下,很多个人主播开始延长自己的直播时间,而机构也开始采用多位主播轮岗直播的方式,以此来获取更多的曝光率,从而被平台的更多观众看到。

这种长时间的直播,对于主播来说,是一件非常有挑战性的事情。因为主播在直播时，不仅需要不断地讲解产品，还要积极地调动直播间的氛围，同时还需要及时地回复观众所提出的问题，可以说是非常忙碌的，因此会感到极大的压力。

在这种情况下，主播就需要做好自己的情绪管理，保持良好的直播状态，使得直播间一直保持热烈的氛围，从而在无形中提升直播间的权重，获得系统给予的更多流量推荐。那么，主播该如何管理好自己的情绪呢？

1. 做好情绪管理，保持良好的直播状态

在直播中，主播常常会碰到各种类型的观众，这些观众由于自身的原因，在看待事情的角度和立场上，态度往往有所不同，这就要求主播在销售产品的过程中，有针对性地去进行引导。图 5-1 所示为直播间的观众类型。

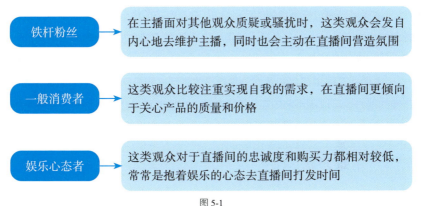

图 5-1

在面对自己的"铁杆粉丝"时，主播的情绪管理可以不用太苛刻，适当地和他们表达自己的烦恼，宣泄一点压力，反而可以更好地拉近和他们之间的距离。

至于消费者类型的观众，由于他们一般是以自我需求为出发点，很少会在乎主播的人设或其他优点，只关心产品和性价比。面对这种类型的观众，就需要主播展现出积极主动的态度，解决他们的疑惑，同时要诚恳地介绍商品。

主播在面对娱乐心态类型的观众时，可以聊一些他们喜欢的话题，来炒热直播间的氛围。同时，主播还可以间接地插入自己销售的产品，用与产品相关的资讯内容来吸引他们关注产品。

总之，主播在直播时需要时刻展现出积极向上的状态，这样可以感染每一个进入直播间的观众，同时也利于树立起积极正面的形象。

2．调节互动氛围，增加观众的信任和黏性

在直播间中，商家和主播除了需要充分展示产品的卖点外，还需要适当地发挥自己的个人优势，利用一些直播技巧来调节直播间的互动氛围，从而增加观众的信任和黏性，相关技巧如下。

1）提升活跃度

主播可以适当地向观众提供一些福利，让他们能在直播间免费获得一些好处，通过利益驱动来提高观众的活跃度。

2）构建真实场景

主播可以通过充满自信的产品介绍，并适当地配合一点肢体语言的方式，把话题集中在产品上，在直播间构建一个让观众"眼见为实"的消费场景。

3）增加亲密度

主播在直播中可以和观众分享自己的生活，积极回复观众的问题，遇到不懂的地方也可以适当地向观众寻求帮助，这些都可以让双方之间的感情更加亲近。

5.1.3 用好方法

直播销售是一种需要观众掏钱购买产品的模式，而主播要想让观众愿意看自己的直播，愿意在自己的直播间花钱购买商品，还愿意一直关注自己，成为忠实粉丝等，都不是一件简单的事情。

主播不可能随随便便就让观众愿意留在直播间，也不可能一味地向观众说这个产品有多么好，就可以让观众下单购买。因此，主播需要掌握合理的直播销售方法，这样才能在一定程度上留住观众，提升直播间的销售额。具体的直播销售方法如下。

1．给观众"讲故事"，让他们感同身受

现在的直播销售行业有一点恶性竞争的苗头，为了更快地吸粉和下单，很多商家和主播都开始通过降低产品价格来争抢流量。

当观众在直播间向主播提出疑问："为什么你卖的产品价格比别人高？"面对这种情况，主播怎么解决才好？这时，主播可以通过"讲故事"的方式，让观众自己感同身受，深刻理解其中的道理，从而潜移默化地打动观众的心。

那么，主播该如何"讲故事"呢？

一方面，主播应该从自己的亲身经历入手，增加代入感。想给观众讲一个好故事，必须要有一个吸引人的开头。如果主播直接上来就讲自己的想法，不做一点铺垫，只怕没什么人能听得下去。

另一方面，主播可以引入问题，同时引导观众一起来分析和讨论问题。这个问题最好能和观众的实际生活或消费需求联系起来，使观众觉得这和自己是有密切关系的，不认真看直播的话，很可能会造成自己的利益受损。

2．把故事"演出来"，让观众产生共鸣

除了直接"讲故事"外，主播还可以声情并茂地把故事"演出来"，这样更容易让观众产生共鸣。

同时，主播在发表自己的观点时，最好加上一些和观众日常生活贴近的有类比性的例子，将其放到自己的故事情节中，这样更能让观众在对故事产生共鸣后，也会对主播的观点表示认可。

3．不断强调你的人设，让观众对你信服

人设一直是吸引粉丝的法宝，当主播树立起自己的人设后，需要不断地向观众去强调自己的人设，更重要的是让观众相信自己的人设。

想让观众对自己的人设信服，主播可以在直播的时候，通过肢体语言向观众展现出自己的性格与形象。此外，打造人设还有一个更简单的方法，就是由主播自己大声"说"出来。

例如，主播可以在直播间向观众说"我要成为在直播榜上排名前多少的主播"这样的话语，可以让观众产生一种"这种充满斗志和信心的人就是我想成为的那种人"，或者"这个主播就是我向往成为的那种人，我要向他学习，和他一起成长、进步"的感受，让观众感觉支持这个主播，就是在支持自己。

4．灌输个人价值观，让观众产生崇拜感

一个优秀的主播应该自己可以控制整场直播间的节奏，让观众跟随自己

的节奏走，但是更优秀的主播，会向观众灌输自己的价值观。

主播通过一系列的价值观输送，可以向观众表明一个信息，那就是：你可以说我卖的商品贵，但是你会明白它为什么那么贵，它贵是因为它值得，并且从性价比的角度来看，它甚至是超值的。

5.2 提高变现的销售能力

作为各大直播平台的电商主播，每个人都能够吸引大量粉丝关注，都能成为带货达人。但是，主播如果要想激发观众的购买行为，关键的前提是主播能让观众察觉到产品带给他的价值。

本节将从观众的角度入手，介绍通过抓住观众的痛点、痒点与爽点等方法，来解决直播销售过程中的关键问题——提升转化率。

5.2.1 解决痛点

痛点，就是观众亟待解决的问题，如果没有解决这个痛点，他就会很痛苦。观众为了解决自己的痛点，一定会主动地去寻求解决办法。研究显示，每个人在面对自己的痛点时，是最有行动效率的。

大部分观众进入直播间，就表明他在一定程度上对直播间是有需求的，即使当时的购买欲望不强烈，但是主播完全可以通过抓住观众的痛点，让购买欲望不强烈的观众也会下单进行购买。

当主播在提出痛点时需要注意，只有与观众的"基础需求"有关的问题，才能算是他们真正痛点。什么是"基础需求"呢，其指的便是一个人的根本需求，如果这个需求不能够解决的话，人的痛点便会很明显。

例如，如图 5-2 所示，在这个卖拖把的直播间中，主播通过场景展示该产品"灵活关节，拖地灵活""多重挤水，洗脱合一"的特点，来解决家庭主妇的"基础需求"，帮助她们更好地解决便捷拖地这个痛点。

主播在寻找和放大观众痛点时，让观众产生需要解决痛点的想法后，可以慢慢地引入自己推销的产品，给观众提供一个解决痛点的方案。在这种情况下，很多人都会被主播所提供的方案吸引。毕竟痛点出来了，他们一旦察觉到痛点的存在，第一反应就是消除这个痛点。

图 5-2

主播要先在直播中营造出观众对产品的需求氛围，然后再去展示要推销的产品。在这种情况下，观众的注意力会更加强烈、集中，同时他们的心情甚至会有些急切，希望可以快点解决自己的痛点。

通过这种价值的传递，可以让观众对产品产生更大的兴趣。当观众对产品有了进一步了解的欲望后，这时主播就需要和他们建立起信任关系。主播可以在直播间与观众聊一些产品的相关知识和技能，或者提供一些专业的使用建议，来增加观众对自己的信任。

总之，痛点就是通过对人性的挖掘，来全面解析产品和市场；痛点就是正中观众的下怀，使他们对产品和服务产生渴望和需求。痛点就潜藏在观众的身上，需要商家和主播去探索和发现。"击中要害"是把握痛点的关键所在，因此主播要从观众的角度出发进行直播带货，并多花时间去研究找准痛点。

5.2.2 打造痒点

痒点，就是满足虚拟的自我形象。打造痒点，也就是需要主播在推销产品时，帮助观众营造美好的梦想，满足他们内心的渴望，使他们产生实现梦想的欲望和行动力，这种欲望会极大地刺激他们的消费心理。

例如，在图 5-3 所示的这个卖饭盒的直播间中，主播通过演示产品能够带饭便捷的特点，来解决观众外出带饭的基本痛点。

图 5-3

同时，该产品还具有加热的功能，能够让观众不用提前煮好饭，只需要将准备好的饭菜放在其中，到饭点时插上电，便可以直接煮好饭菜，不用进行二次加热了。这便是一个让观众向往美好生活方式的痒点，让他们的心里变得痒痒的，希望自己也能有一个这样的产品。

5.2.3　提供爽点

爽点，就是指观众由于某个即时产生的需求被满足后，会产生的一种非常爽的感觉。爽点和痛点的区别在于，痛点是硬性的需求，而爽点则是即刻的满足感，能够让观众觉得很痛快。

对于主播来说，想要成功把产品销售出去，就需要站在观众的角度来思考产品的价值。这是因为，在直播间中观众作为信息的接受者，他自己很难直接发现产品的价值，此时就需要主播主动去帮助观众发现产品的价值。

而爽点对于直播间的观众来说，就是一个很好的价值点。例如，在图 5-4 所示的这个卖刷碗神器的直播间中，主播展示了这个刷碗神器不但能满足刷碗的基本需求，而且在上方加入洗洁精，就可以在刷碗时自动添加洗洁精，使得观众刷碗更加轻松。这就是通过抓住观众的爽点，即时性地满足了他们的需求。

图 5-4

当主播触达更多的用户群体，满足观众和粉丝的不同爽点需求后，自然可以提高直播间商品的转化率，成为直播带货高手。

> **特别提醒** 痛点、痒点与爽点都是一种欲望的表现，而主播要做的就是在直播间通过产品的价值点，来满足观众的这些欲望，这也是直播带货的破局之道。

5.3 快速下单的促单技巧

爆款是所有商家追求的产品，显而易见，其主要特点就是非常火爆，具体表现为流量高、转化率高、销量高。不过，爆款通常并不是店铺的主要利润来源，因为大部分爆款都是性价比高的产品，这些产品的价格相对来说比较低，因此利润空间也非常小。

但是，很多商家或主播看到别人的直播间中爆款多、销量好，难免会心生羡慕。其实，只要你用对方法，也可以打造自己的爆款产品。本节从直播前和直播中两方面入手，介绍直播带货常用的促单技巧。

5.3.1 优惠营销

各大直播间最常用的营销方式就是发红包和优惠券，如抖音直播间的超级福袋、优惠券等，分别如图 5-5、图 5-6 所示。相比于没有超级福袋和优惠券的直播间，放置超级福袋和优惠券的直播间的观众停留时间更长，商品转化也会更高。

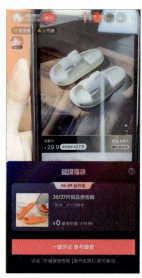

图 5-5

图 5-6

优惠营销还包括红包营销。红包营销在直播的各个时段都可以使用，但不同的直播时段要使用不同的营销策略，具体如图 5-7 所示。

早客流 → 直播时段：07:00～10:00
人群特征：主要为中老年观众，消费频率高、决策时间长
营销策略：用大额红包吸引关注，并配合活动提升引流效果

午间客流 → 直播时段：13:00～16:00
人群特征：通常都是闲逛、无目标的观众，人群特征不明显
营销策略：通过刷屏抽免单与红包的配合，增加直播间人气

晚客流 → 直播时段：19:00～23:00
人群特征：店铺老客户为主，忠诚度（回购率）表现较好
营销策略：拉长红包的开抢时间，稀释老客户抢红包的中奖率

图 5-7

5.3.2 种草推广

在拼多多平台，商家或主播除了直接通过直播来带货外，也可以多利用直播的短视频功能，在自播前进行"种草"推广，为直播间带来更多的人气，同时也可以直接提升下单率。

"种草"是直播带货中的重要环节，是勾起观众购买欲望的主要手段。通过短视频"种草"与直播带货的组合方式，可以加速观众的决策速度与提高转化效率，从而产生更高的经济效益。

5.3.3 介绍产品

介绍法是介于提示法和演示法之间的一种语言表达方法。主播在直播间直播时，可以用一些生动形象、有画面感的话语来介绍产品，达到劝说消费者购买产品的目的。下面笔者就来向大家描述一下关于介绍法的 3 种操作方法，如图 5-8 所示。

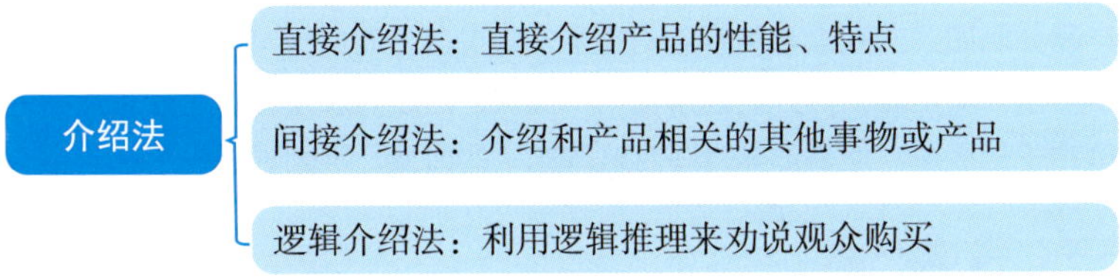

介绍法
- 直接介绍法：直接介绍产品的性能、特点
- 间接介绍法：介绍和产品相关的其他事物或产品
- 逻辑介绍法：利用逻辑推理来劝说观众购买

图 5-8

1．直接介绍法

直接介绍法是主播直接向观众介绍、讲述产品的优势和特色，从而达到劝说观众购买的一种方法。这种推销方法的优势在于非常节约时间，直接让观众了解产品的优势，省去不必要的询问过程。

2．间接介绍法

间接介绍法是采取向观众介绍和产品本身相关、密切的其他事物来衬托产品本身。例如，如果主播想向观众介绍服装的质量，不会直接介绍服装的质量，而是采用介绍服装的做工、面料的方法来表明服装质量好，值得购买，这就是间接介绍法。

3．逻辑介绍法

逻辑介绍法是主播采取逻辑推理的方式，来达到说服观众购买产品的一种沟通推销方法。这也是一种线下销售中常用的推销手法。

主播在进行推销时，可以向观众说"用买几杯奶茶的钱就可以买到一件美美的衣服，你肯定会喜欢"。这便是一种典型的逻辑介绍方法，主要表现为以理服人、顺理成章，其说服力很强。

5.3.4 赞美用户

赞美法是一种常见的推销话语技巧，这是因为每一个人都喜欢被人称赞，喜欢得到他人的赞美。在这种赞美的情景之下，被赞美的人很容易情绪高涨而愉悦，所以就很容易在这种心情的引导下采取购买行为。

三明治赞美法是大家比较喜欢的一种赞美法，这种赞美法主要有3个步骤。首先，根据观众的一些评论来称赞观众以及产品的优点，然后提出一点不足之处，最后肯定对方的整体表现状态。简单来说，就是先褒奖，再说实情，再说一个总结的好处。

在日常生活或主播销售时，主播可以在直播间内运用三明治赞美法来销售产品。例如，当观众看到喜欢的裙子，却说自己的身材可能不太适合时，主播便可以先赞扬观众，并说这条裙子不挑人，然后对观众说你可能有点不适合这款裙子的板型，但是你非常适合这款裙子的风格，不如尝试一下。

5.3.5 强调产品

强调法，也就是需要不断地向观众强调这款产品是多么好，多么适合观众，类似于"重要的话说三遍"这个意思。

主播在直播间销售一件商品时，通过不断地强调这个商品有哪些优点，可以带动直播间的氛围，从而使得观众不由自主地想要下单购买这件商品。主播在带货时，可以反复强调此次直播间产品的优惠力度，如福利价五折、超值优惠、购买即送某某产品等。

5.3.6 示范推销

示范法也叫示范推销法，就是要求主播把要推销的产品，展示给观众去看、摸、闻，从而激起观众的购买欲望。

由于直播销售的局限性，观众无法亲自看到产品，这时就可以让主播代替观众来对产品进行体验。对于观众来说，因为主播相对更加了解产品的风格和款式，所以由主播代替自己来体验服装，观众也会更加放心。如图5-9所示为示范推销法的操作方法。

第 5 章　必备销售技巧

| 示范推销法 | 第一，灵活展示自己的产品，引起观众的购买兴趣 |
| | 第二，善于演示和讲解产品，激发观众下单购买 |

图 5-9

1．灵活展示自己的产品

示范推销法是一种日常生活中常见的推销方法，其中涉及的方法和内容较复杂。例如，卖美甲的直播间里主播做美甲的过程；卖食物的直播间里主播当场试吃美食，这都属于示范推销法。其主要目的就是希望让观众达到一种亲身感受产品的效果，同时把产品的优势尽可能地全部展示出来，以吸引观众的兴趣。

2．善于演示和讲解产品

对于主播来说，善于演示和讲解产品是非常有必要掌握的技能，毕竟说得再多，不如让观众亲自使用一下产品，尤其能让观众亲自来试用产品则更好，就像出售床上用品的商家一样，会创造一个睡眠环境，让观众在床上试睡。

但直播这种线上销售方式无法使观众亲自使用，亲自去了解产品。这时，主播就可以在直播过程中自己使用产品，通过镜头灵活地展现产品的使用效果，如图 5-10 所示。

图 5-10

5.3.7　限时优惠

限时法是直接告诉观众，现在举行某项优惠活动，这个活动到哪天截止，在这个活动期，观众能够得到的利益是什么。此外，要提醒观众，在活动期结束后再想购买，就会花费更多的钱。

"亲，这款服装我们做优惠降价活动，今天就是最后一天了，你还不考虑入手一件吗？过了今天，价格就会回到原价位，和现在的价位相比，足足多了几百呢！如果您想购买该产品的话，必须得尽快做决定哦，机不可失，时不再来。"

通过这种推销方法，会给观众带来一种错过这次活动，之后再买就亏大了的想法。同时，通过最后的期限，能使观众有一种心理紧迫感。

主播在直播间向观众推荐产品时，就可以积极运用这种方法，通过一定的销售语言表达技巧给他们造成心理上的紧迫感，也可以在直播界面显示文字来提醒观众。

5.4　本章小结

本章主要介绍了主播必备的销售技巧，首先从直播卖货的要点开始，主要介绍了转变身份、管好情绪、用好方法 3 个要点；然后介绍提高变现的销售能力，主播可以从解决痛点、打造痒点、提供爽点 3 个方面来提高自己的销售能力；最后向读者介绍了快速下单的促单技巧，帮助主播提高直播间的销售额。

5.5　本章习题

1. 进入直播间的观众类型有哪些？
2. 介绍产品的几种方法？

Chapter 06

各色直播平台

各个直播平台都有着各自不同的内容和特色,它们不断深入发展,由单一的模式向众多领域拓展延伸。对于主播来说,选择合适、匹配自己的直播平台是直播运营的重中之重。本章将为大家介绍抖音、淘宝、快手、B站、拼多多、小红书等几个典型的直播平台,了解它们各自的特色所在。

6.1 抖音直播

抖音自 2017 年开启直播功能，2018 年推出购物车功能，再到如今凭借着日活（即日活跃用户数量）4 亿流量池，已实现了"全民抖音"的盛况。

抖音以内容运营为主，利用优质的内容吸引用户关注。其直播功能丰富多彩，在抖音平台直播的人也越来越多。本节笔者将对抖音直播的开通方式和基本玩法进行详细介绍，帮助主播更好地在抖音平台玩转直播。

6.1.1 直播入口

许多主播可能只知道抖音可以开直播，但不知道抖音直播有几个入口。下面笔者就来对抖音直播的主要入口进行讲解，以便大家更好地进行直播和引流。

1. "关注"界面

在"关注"界面中，如果有抖音账号的头像下方出现"直播中"3 个字，那么用户只需点击头像即可进入直播间，如图 6-1 所示。

图 6-1

因此，商家如果想通过该入口获得更多的直播流量，就需要想办法让账号获得更多粉丝，从而让更多抖音用户通过"关注"界面进入你的直播间。

2．"推荐"界面

在"推荐"界面中，用户可以通过点击抖音号的头像和直播展示画面进入直播间。具体来说，如果"推荐"界面中正在播放短视频，并且界面中抖音号的头像上方有"直播"两个字，那么用户只需点击抖音号头像，便可直接进入直播间。

如果"推荐"界面中出现的是直播展示画面，那么用户只需点击直播展示画面（除界面中各按钮和图标之外的任意地方），便可直接进入直播间。

主播要想通过"推荐"界面这个直播入口获得更多直播流量，需要让短视频或直播内容成为抖音官方的推荐内容。而抖音官方在选择推荐的内容时，又会将内容的热度作为主要的参考元素。

因此，主播应该着重提高短视频和直播的质量，提高用户的参与积极性，让短视频和直播获得更高的热度。

3．"同城"界面

抖音推荐分为两种，一种是全平台的推荐，另一种是同城推荐。通常来说，"同城"界面中会为用户呈现同城的短视频和直播封面或画面，如果某个封面或画面的左上方出现了"直播中"3个字，那么用户只需点击该封面或画面便可进入对应的直播间。

如果商家要想通过"同城"界面获得更多的流量，那么在开播时一定要做好定位。只有这样，你的直播封面或画面才会出现在"同城"界面中。

4．点击"直播"按钮

用户可以直接点击"推荐"界面中的"直播"按钮，随机查看直播。另外，用户进入某个直播间之后，还可以搜索和查看其他直播。

具体来说，用户在首页"推荐"界面中查看短视频时，可以进入平台推荐的直播间，如图6-2所示。进入某个直播间后，如果用户要查看或搜索其他直播间，可以点击直播间右上方的"更多直播"按钮，如图6-3所示。

图 6-2　　　　　　　图 6-3

操作完成后，会弹出一个提示框，该提示框中会展示各种抖音直播的封面。用户可以根据自己的需求选择直播的类型，如果想查看某个直播，可以点击该直播的封面图，如图 6-4 所示。操作完成后，即可进入对应的直播间，点击左下方的相应图标，还可以返回上一个直播间，如图 6-5 所示。

图 6-4　　　　　　　图 6-5

另外，用户还可以点击 🔍 图标，进入直播搜索界面，通过关键词搜索，查看带有对应关键词的直播间。

如果主播想借助该直播入口获得更多的流量，可以重点做好两个方面的工作：一是提高直播的热度，增加直播的曝光率；二是在直播标题中添加用户搜索频率较高的词汇，让直播被更多用户搜索到。

6.1.2 互动玩法

抖音没有采用秀场直播平台常用的"榜单 PK"等方式，而是以"音浪"作为排行依据，这样可以让普通用户的存在感更强。下面介绍抖音直播的几种互动方式。

（1）评论互动：用户可以点击"说点什么"来发布评论，此时主播要多关注这些评论内容，可以选择一些有趣和实用的评论进行互动。

（2）礼物互动：礼物是直播平台最常用的互动形式，抖音的直播礼物名字都比较特别，不仅体现出浓浓的抖音文化，同时也非常符合当下年轻人的使用习惯以及网络流行文化，如"小心心""不服来战"等。

（3）点赞互动：用户可以点击直播间下方的图标，给喜欢的主播点赞，增加主播人气。主播的总计收入是以"音浪"的方式呈现的，粉丝给主播的打赏越多，主播获得的人气越高，收入自然也越高。

（4）建立粉丝团管理粉丝：抖音直播的主播一般都会有不同数量的粉丝团，这些粉丝在主播直播间可以享有一定的特权，主播可以通过"粉丝团"与粉丝形成更强的黏性。

抖音用户进入直播间，❶点击主播头像右方的"关注"按钮；❷点击图标，便会弹出"×××的粉丝团"对话框；❸点击对话框中的"加入粉丝团（1 抖币）"按钮，并进行支付，就可以加入该主播的粉丝团，如图 6-6 所示。

图 6-6

6.2 淘宝直播

在众多的直播平台中,淘宝可以称为最典型的电商直播平台。淘宝直播中的特色电商内容也是精彩纷呈,令人眼花缭乱。本节笔者将向大家详细介绍淘宝直播的相关内容。

6.2.1 平台入驻

淘宝直播从 2016 年推出以来,就有了非常卓越的成绩,两年时间便实现了从 0 到千亿元的成交额突破。淘宝直播分为两种,一种是个人直播,另一种是商家直播。下面我们来看一下淘宝直播入驻的要求。

1. 入驻要求

不同的直播类型入驻的要求也不尽相同,下面笔者针对两种类型的淘宝直播的入驻要求做一下简要介绍。

1)商家入驻

以下为笔者总结的商家入驻淘宝直播的条件。

- 店铺应为一钻或一钻以上级别(若刚升级至一钻后入驻失败,建议 48 小时后再次尝试)。
- 店铺应具有一定的老客户运营能力。
- 店铺应具有一定的主营类目所对应的商品数量(在线商品数 ≥ 5)。
- 店铺应具有一定销量(近 30 天店铺销量 ≥ 3,且近 90 天店铺成交金额 ≥ 1000)。
- 卖家须符合《淘宝网营销活动规则》。

2)个人入驻

与商家入驻淘宝直播一样,个人入驻直播也有相应的条件。

- 淘宝账户须通过支付宝实名认证,并注册成为淘宝达人用户。
- 淘宝达人的账号达到 L2 级别。
- 在申请直播权限时,提交一个时长 3 分钟的本人出镜视频,视频应尽量选择好的设备进行拍摄,保证高清的质量,同时在视频中应表现出良好的控场能力、表达能力、现场表现力和专业能力。

2. 运营技巧

主播获得直播权限之后，该如何运营直播呢？接下来，笔者将进行具体介绍，并推荐给大家一些运营技巧。

1）直播通知

在进行直播前，主播要做好直播通知，让粉丝知道直播的时间。如果没有通知，那么很多粉丝可能会错过你的直播。在进行直播通知时，主播可以运用的方式包括小喇叭公告、小黑板和群消息等。为了让直播通知尽可能地让所有的粉丝看到，主播可以利用上新预告来进行通知，也可以将直播信息推送到广场。

2）直播标题

在直播标题的选择上，要重点突出产品卖点、明星同款、当下流行或其他元素等，如特卖、清仓、东大门爆款、Ins（Instagram，照片墙）网红同款和高级感等。此外，直播标题还可以根据直播的风格来选取相对应的词汇。

3）竖屏直播

在单人直播的时候建议使用竖屏直播，这样便于用户直接观看。在主播展示产品的时候，竖屏也比较合适，如服装直播，能将主播整个穿搭拍进镜头。

4）粉丝分层

主播可以在直播设置中点击"粉丝分层"选择适合你的规则，而观看直播的用户则会根据你所选择的规则来进行分层。

例如，主播可以设置规则：每日观看直播、发布一则评论之后，分别增加2分；关注主播、观看时长超过4分钟都增加5分；点赞和分享达到一定次数可增加不同数值的积分等。

5）观看奖励

主播可以根据用户观看时长设置奖励，当用户观看直播达到对应时长之后，便可获得小额红包、优惠券和赠品等福利，以此吸引用户持续观看直播。当直播间的气氛达到一定程度时，主播可以在直播间进行抽奖，而在公布中奖用户时，需要注意安抚未中奖的用户并通知下一次抽奖时间。抽奖可以每15分钟进行一轮，也可以按照其他时间有规律地进行抽奖。

6）直播内容

主播在进行产品推广时，可以利用故事进行介绍，也可以将产品与其他同类产品进行对比，更好地突出产品的优势，还可以采取饥饿营销，调动用户的积极性。

主播直播时精神一定要饱满，要用热情打动用户。在进行产品讲解时，主播需要耐心介绍产品的功能并且进行相关操作示范，以减轻用户的操作难度，让用户更容易掌握操作流程。

6.2.2 运营技巧

无论是淘宝卖家还是个人主播，很多新主播在刚接触淘宝直播时，都是一头雾水，不知道具体应该如何去做，笔者将向大家详细介绍在淘宝直播时的运营技巧，帮助大家更好地在淘宝直播。

1．精选商品

在直播之前规划好直播的内容是非常重要的，卖给粉丝的产品，应该把质量放在第一位。很多主播在刚开始直播时，不知道应该如何选择直播中的商品，笔者在此告诉大家，想成为一个好的主播，就是要将你认为最好的产品推荐给粉丝，因此在直播前期，新主播不要太在意收入、佣金以及销量。

主播应考虑的是给粉丝推荐的产品是否能获得粉丝的喜爱，当口碑和粉丝慢慢积累起来之后，所有的问题都会迎刃而解。

2．播前准备

确定好产品之后，直播前的一系列准备也是不可忽视的。有些主播在直播前没有经过任何准备就直接开始直播，导致观看的人寥寥无几，一场直播下来，连一件产品也没有销售出去。所以，播前准备尤为重要，只有准备充分，才能减少在直播过程中的出错率。那么，在直播前主播应做好哪些准备工作呢？

1）直播封面

一个优质的封面图和简介内容会吸引更多的用户观看直播。在制作封面图和填写简介内容时，切忌采用低俗的图文，更不要传播低俗的内容，这样不仅不会博人眼球，还违反了淘宝直播的规范要求，情节严重会被直接清退。

2)预热宣传

无论是个人主播还是淘宝卖家,在直播前为直播宣传、造势是必不可少的。如果不做前期的预热,光"守株待兔"是等不来粉丝,也无法提升人气的。那么应该如何进行宣传呢?

对商家来说,如果店铺有足够的粉丝,可以提前在微淘中发布直播预告,吸引店铺的粉丝进入直播间。

对个人主播而言,可以在微信、微博等社交软件多加宣传,发布直播信息,吸引好友和粉丝前来观看,为直播造势。

3. 粉丝互动

在直播的过程中,主播如果一门心思只想着卖货,而忽视与粉丝的互动,这样是会流失很多粉丝的。那么应该怎样和粉丝进行互动呢?在直播的过程中,主播应该有意识地圈粉,在直播时主播要有亲和力,语言表达要抑扬顿挫。

主播可以通过给粉丝发红包、在直播间给粉丝发送优惠券等方式,让粉丝认为在你的直播间下单购物是划算的。除此之外,直播应时刻关注评论区,对评论区中高频出现的问题应统一进行回答。

6.3 快手直播

2017 年,快手进入了直播市场,最开始就以"打赏+带货"的方式获取收益。并且,由于快手平台保持着原生态,其独特的社交文化以及"老铁经济",打造了一批批爆款产品和垂直主播,粉丝对主播的忠诚度很高,从而为直播带货打下坚实的基础。本节笔者将为大家详细介绍关于快手直播的相关内容。

6.3.1 开通直播

在快手开通直播是需要符合一定条件的,笔者先为大家介绍快手直播的开通方式,具体步骤如下。

Step 01 打开快手 App,在首页中点击 ◉ 图标,如图 6-7 所示。

Step 02 执行操作后,进入"直播"界面,如图 6-8 所示。

图 6-7　　　　　　　　　图 6-8

Step 03 一般带货直播都是以视频直播的形式，为了方便观众能够清楚地了解产品，因此点击"视频"按钮，如图 6-9 所示。

Step 04 执行操作后，点击"更多"按钮，弹出"更多"对话框，如图 6-10 所示。商家可以在对话框中设置直播公告、选择话题等。

图 6-9　　　　　　　　　图 6-10

以上即为在快手平台中开通直播的具体步骤。另外，在快手平台开通直播的条件主要有以下 9 个。

（1）注册时间 >7 天。

（2）作品违规率在要求规范内。

（3）绑定手机号。

（4）当前账号状态良好。

（5）实名认证。

（6）年龄满 18 岁。

（7）粉丝数 >6 个。

（8）发布公开作品 ≥ 1 个。

（9）观看视频时长达标。

从以上 9 个条件来看，在快手开通直播的门槛并不算高，这对新主播而言也是有利的。但主播如果想在快手进行直播带货，还需开通快手小店。

6.3.2 精准运营

在快手中有一些可以有效提高直播间活跃度、增强变现效果的玩法，接下来笔者将进行简单的介绍。

1．连麦

连麦简单的理解就是可以和其他直播间进行连线，连线之后还可以进行 PK。连线，特别是 PK 的时候，因为与其他直播间形成了对比，所以直播间的用户会更加积极地参与互动，许多用户甚至还会主动赠送礼物。

通过连麦的方式可以帮助主播更好地提升直播间的氛围，但是这种玩法一般在娱乐型的直播间中使用，以带货为主的直播间一般都不会采用这种方式。

2．红包

无论在现实生活中，还是在网络的虚拟世界中，发红包都是一种受欢迎的互动方式，也是增加直播间销量的一种方式。

在快手直播间也是可以发红包的，具体操作步骤如下。

Step 01 进入快手直播间，点击右下角的"更多"按钮，在弹出的提示框中点击"发红包"按钮,如图 6-11 所示。

Step 02 操作完成后,弹出"发红包"提示框,在提示框中选择红包的金额,点击"发红包给大家"按钮,如图 6-12 所示。操作完成后,便可以在直播间发放对应金额的红包了。

图 6-11

图 6-12

3. 心愿清单

主播在进行一场直播时可以树立自己的目标,另外还可以通过快手直播的心愿清单功能,将目标展示在直播间中,让用户帮你达成目标。具体来说,运营者和主播可以通过如下步骤设置心愿清单。

Step 01 进入快手"直播"界面,点击"更多"按钮,弹出"更多"对话框,点击"直播心愿"按钮,如图 6-13 所示。

Step 02 执行操作后,弹出"今日直播心愿"对话框,在对话框中设置直播心愿,设置完成后,点击"生成心愿"按钮,如图 6-14 所示。

第 6 章　各色直播平台

图 6-13　　　　　　　　　图 6-14

6.4　B 站直播

B 站（bilibili，哔哩哔哩）直播平台的内容有趣而丰富，许多年轻人都喜欢将 B 站作为观看直播的重要渠道。那么，UP 主（uploader，上传者）如何玩转 B 站直播呢？这一节笔者就来重点解答这个问题。

6.4.1　直播玩法

在介绍直播玩法之前，我们先来了解一下在 B 站上开通直播的步骤。目前，从计算机端和手机端都可以在 B 站上进行直播，下面笔者就以手机端为例，具体讲解开通直播的步骤。

Step 01　登录哔哩哔哩 App，❶点击"首页"界面中的"直播"按钮；❷点击图标，如图 6-15 所示。

Step 02　执行操作后，点击"开始视频直播"按钮，如图 6-16 所示。

107

直播销售员：如何做好带货主播

图 6-15

图 6-16

需要注意的是，只有在实名认证之后才能开播，所以在开播之前，主播一定要先进行实名认证。

介绍了在手机端 B 站上开通直播的步骤后，下面笔者就来重点介绍 B 站直播中的 3 种玩法。

1．主播舰队

主播开通直播后，可以在直播房间内拥有自己的舰队，舰队的船票总共有 3 种，分别是总督、提督和舰长。当主播的粉丝拥有相应的舰队船票后，该粉丝将会拥有以下特权。

（1）在图标上，舰队船员拥有房间专属唯一标识、进房间弹幕特效公告、房间内专属身份展示位特权。

（2）在弹幕上，舰队船员拥有专享房间内紫色弹幕、专享房间内顶部弹幕发送权限（仅限总督）、弹幕长度上限提升至 40 个字（仅限总督和提督）特权。

（3）在"爱意"上，舰队船员拥有亲密度上限翻倍（粉丝勋章等级不同亲密度上限也有所不同）、加速升级粉丝勋章、粉丝专属礼包和购买即返银瓜子（B 站直播虚拟货币）特权。

（4）在发言上，舰队船员不受房主以外的禁言影响、发言时昵称颜色与众不同且发言时拥有聊天气泡特权。

2．直播看板娘

"直播看板娘"是 B 站设计的一个卡通形象，它的主要作用是实现内容交互，即当主播收到粉丝打赏的礼物时，"直播看板娘"会以气泡的形式弹出来，帮主播答谢粉丝。而平时"直播看板娘"也会悬浮在视频周围，粉丝单击或双击"直播看板娘"时，她会向粉丝卖萌。此外，UP 主还可对"直播看板娘"进行换装。

3．主播轮播

主播在直播中可以开启轮播开关，对指定内容进行轮播。主播轮播在"直播个人中心→我的直播间"中设置，如图 6-17 所示。

图 6-17

6.4.2 直播规范

俗话说得好：没有规矩不成方圆。直播是一种覆盖面广、传达速度快的内容传播形式，如果没有一定的规矩做引导，势必会出现各种乱象。因此，B 站特意制定了《bilibili 主播直播规范》，对主播的直播行为做出了一些规定，如图 6-18 所示。

bilibili主播直播规范V2.5

2022-01-26 16:15:12

哔哩哔哩直播（以下简称"平台"）为了使得主播（以下亦称"您"）在开展直播或与直播相关活动时清晰地理解禁止行为的界限，保障平台的健康发展，制定本规范。

本规范基于《哔哩哔哩弹幕网用户使用协议》、《哔哩哔哩直播服务协议》、《社区规则》制定（统称为"哔哩哔哩服务条款"）；同时，《主播SAN值的相关规则》及平台公布的其他主播行为相关管理规则、规范、公告、声明、政策等是本规范不可分割的组成部分（统称为"其他平台规则"）。**您接受并同意本规范的行为，即视为您同意并接受哔哩哔哩服务条款和其他平台规则。**

一、基本原则

严格遵守《互联网信息服务管理办法》、《网络信息内容生态治理规定》相关规定，严禁制作、复制、发布含有下列内容的违法有害信息：

（一）反对宪法所确定的基本原则的；
（二）危害国家安全，泄露国家秘密，颠覆国家政权，破坏国家统一的；
（三）损害国家荣誉和利益的；
（四）歪曲、丑化、亵渎、否定英雄烈士事迹和精神，以侮辱、诽谤或者其他方式侵害英雄烈士的姓名、肖像、名誉、荣誉的；
（五）宣扬恐怖主义、极端主义或者煽动实施恐怖活动、极端主义活动的；
（六）煽动民族仇恨、民族歧视，破坏民族团结的；
（七）破坏国家宗教政策，宣扬邪教和封建迷信的；
（八）散布谣言，扰乱经济秩序和社会秩序的；
（九）散布淫秽、色情、赌博、暴力、凶杀、恐怖或者教唆犯罪的；
（十）侮辱或者诽谤他人，侵害他人名誉、隐私和其他合法权益的；
（十一）含有法律、行政法规禁止的其他内容的。

图 6-18

此外，B 站还发布了《哔哩哔哩直播带货禁售商品类目》，因此主播在直播之前，一定要了解自己销售的产品是否在其中，如图 6-19 所示。

《哔哩哔哩直播带货禁售商品类目》

一、什么是【违禁商品/信息】

指商家发布含有《禁止发布的商品/信息明细&对应违规处理》明细中的禁售商品或信息。信息包括但不限于：商品信息（如商品标题、商品描述、商品图片等），店铺信息（如店铺装修、店铺名、店铺分类、店铺公告等），交互信息（如平台社区、飞鸽等平台发布的信息）。

平台根据危害程度，将违规场景分为：

Ⅰ类：主要针对国家法律法规明文禁止出售的商品或展示的信息

Ⅱ类：主要针对会对人身安全造成较大风险的商品

Ⅲ类：主要针对商品本身无明显风险，但商品信息展示时会造成内容风险，或严重影响交易体验的商品

临时管控：主要针对突发舆情、监管要求，平台临时性管控的商品

二、禁止发布的信息明细

禁止发布商品/信息		具体情形	规则背景及依据	违规情形

图 6-19

6.5 拼多多直播

拼多多的多多直播因门槛低、变现快，而深受许多用户的欢迎。那么，主播要如何将用户尽可能地吸引进自己的直播间，从而增强变现的效果呢？本节笔者就来详细介绍拼多多的直播技巧。

6.5.1 直播技巧

拼多多的多多直播门槛低、变现快,受到许多用户的喜爱,并且拼多多在这几年大受欢迎,以实惠的价格吸引了众多用户的下载与使用,下面笔者将详细为读者介绍拼多多的多多直播技巧。

拼多多的多多直播面向所有用户,不仅门槛低而且操作简单,以下是手机多多直播的操作方式。

Step 01 首先登录拼多多 App 账号,❶点击"个人中心"按钮;❷点击头像,如图 6-20 所示。

Step 02 执行操作后,进入"我的资料"界面,选择"多多直播"选项,如图 6-21 所示。

图 6-20

图 6-21

Step 03 进入"开直播"界面后,点击右下角的图标,如图 6-22 所示。

Step 04 执行操作后,进入"小红盒(0/200)"界面,点击"添加商品"按钮,如图 6-23 所示。如果商家想要接着用上次直播的商品,可以点击"复用上场商品"按钮。

Step 05 执行操作后,进入"添加商品"界面,如图 6-24 所示。商家可以填写

直播销售员：如何做好带货主播

商品 ID（identity document，身份证标识号）或店铺 ID 来选择需要带货的商品。

Step 06 同时，商家还可以选择购买过、收藏过、浏览过的商品来带货。以浏览过的商品为例，❶选中需要带货的商品前面的复选框；❷点击"下一步"按钮，如图 6-25 所示。

图 6-22

图 6-23

图 6-24

图 6-25

Step 07 执行操作后，可以看到在"小红盒（1/200）"界面已经有一件商品了，如图6-26所示。如果商家还要添加商品的话，继续点击"添加商品"按钮，重复步骤5、步骤6。

Step 08 商品添加完成后，返回到直播界面，点击"开始直播"按钮，便可以开始直播带货了，如图6-27所示。

图 6-26

图 6-27

需要注意的是，在开始直播前，主播要做好实名认证。只有经过实名认证才能进行直播。

商家版拼多多与普通版操作类似，区别是需要下载拼多多商家版，下载完成后登录商家账号，在账号后台界面中选择"工具"选项，然后找到"营销"选项并点击，在"营销"栏中选择"多多直播"选项，进入后点击"创建直播"按钮，在相册内挑选你想要的封面并填写主题即可。

无论是拼多多App首页界面，还是搜索栏的搜索结果以及场景广告中，都提供了"多多直播"入口。除此之外，产品详情页、店铺首页、关注店铺也是多多直播的流量入口，因此"多多直播"入口出现在平台内用户停留的每个环节。多多直播相对于其他直播，在运营上具有以下技巧。

1．直播低门槛

拼多多的"多多直播"面向所有拼多多用户，未下过单的用户也可以通过"多多直播"进行直播带货。门槛低，规则简单，使用操作方便，拼多多的直播设置可以说非常"亲民化"。

2．关注主播福利

拼多多直播平台中的"多多直播"主要依靠平台内的流量，以及通过微信、微博等社交分享获得流量。并且，在拼多多直播中，随意点击一个直播间，停留几秒就会显示一个红包，这个功能能够有效地提高用户的停留时间。

但是，只有关注主播才能打开红包，这样操作可以巧妙地利用红包的玩法对直播进行推广。当用户关注主播后，就会显示一个好友助力，通过好友助力，用户可以再次领取红包。

3．同城直播

拼多多设置了同城直播功能。在同城直播中，主播可以向周边地区的用户推广自己的店铺，让更多附近的人知道自己的店铺，从而提高店铺的周边影响力，吸引同城用户进店购买产品。

4．用户购买便捷

在"多多直播"界面下方，用户可以随时以拼单的形式购买产品，在直播时还有"想听讲解"功能，对于用户感兴趣的物品可以随时提供讲解，便捷的购买方式和随时提供的讲解功能让用户消费更快捷、更容易。

6.5.2　直播规范

在《拼多多商家直播管理规范》中，拼多多将直播违规行为分为A、B两类。A类是指除B类之外的其他违规行为；B类违规是指违反国家法律规定或严重破坏运营秩序的行为。拼多多平台针对不同的违规类型给出了对应的记分标准，如图6-28所示。

3.3. 拼多多有权根据商家的具体违规情况对违规行为的类型以及违规情节轻重进行判定，并作出相应的记分处理。 等种违规行为类型及相应情节的记分标准如下：

违规情节	A类违规记分标准	B类违规记分标准
一般	2-24	2-24
严重	25-48	25-96

注：每次违规的具体记分分值以拼多多实际认定为准。

图 6-28

第 6 章　各色直播平台

需要特别注意的是，当直播累计违规记分达到一定标准之后，主播将会面临一定的处罚。这一点拼多多在《拼多多商家直播管理规范》中也进行了说明，如图 6-29 所示。

违规类型	累计违规记分	处理措施
A类违规	12分	关闭直播功能1日
	24分	关闭直播功能7日
	48分	关闭直播功能30日
B类违规	24分	关闭直播功能7日
	48分	关闭直播功能30日
	72分	关闭直播功能90日
	96分	永久关闭直播权限

注：A类违规记分达到48分后，拼多多将以每12分为一个处理节点，即每增加12分，执行一次关闭直播功能30日，若商家因单次A类违规记分达到两个或以上处理节点的，仍执行一次关闭直播功能30日。

图 6-29

除了违规行为之外，主播还需要了解拼多多平台限制直播的内容。并且需要注意的是，如果主播的直播内容是平台限制的，那么将可能面临限流、永久关闭直播权限等处罚。

具体来说，在《拼多多商家直播管理规范》中分两个部分对限制直播的内容进行了规定，即限制直播的店铺类目和限制直播的商品类目，具体内容如图 6-30、图 6-31 所示。

限制直播的店铺类目	器械保健
	成人用品
	烟品/打火机/瑞士军刀
	网络服务/软件
	旅游路线/商品/服务
	影视/会员/腾讯QQ专区
	生活缴费
	电影/演出/体育赛事
	景点门票/周边游
	购物卡/礼品卡/代金券
	医疗健康服务
	隐形眼镜/护理液
	OTC药品
	精制中药材
	处方药

图 6-30

限制直播的商品类目	宗教用品
	古董/邮币/字画/收藏
	其他收藏品
	商业/办公家具
	医疗家具
	家庭保健
	农用物资
	农业工具
	农机/农具/农镇
	农药
	本地化生活服务
	休闲娱乐
	室内休闲玩乐
	汽车服务
	KTV
	酒吧/俱乐部/私人会所
	足浴/洗浴/按摩
	其他休闲娱乐

图 6-31

6.6 小红书直播

与其他平台相比，小红书直播起步比较晚，但是相对较为谨慎。最开始，小红书平台是针对特定的 KOL（key opinion leader，关键意见领袖）进行内测，而后才全线开放。

本节就来重点介绍一下小红书直播的具体情况，了解一下小红书平台的基本概况和直播间的注意事项，帮助读者增加直播间的观看人数。

6.6.1 基本概况

目前，小红书已经开通了全员直播权限，用户只要进行了实名认证便可以进行直播。

主播进入小红书首页，点击下方的 ➕ 图标，如图 6-32 所示。执行操作后，❶点击下方的"直播"按钮进入直播界面，❷点击"开始直播"按钮便可以进行直播了，如图 6-33 所示。

图 6-32　　　　　　　　　图 6-33

1．直播功能

小红书平台虽然开通直播功能比较晚，但是直播的相关功能却比较齐全。直播开始前，主播可以提前设置美颜效果，让自己看上去更加舒适，如图 6-34 所示。需要注意的是，美颜不可以太过，美颜过度会让观众产生反感。

此外，主播还可以提前设置好直播公告和屏蔽词，这样观众便可以提前了解到直播的主题以及内容，如图 6-35 所示。

需要注意的是，直播间内还具有粉丝团、商品列表、PK、发红包、抽奖、直播连线、小纸条等功能。

图 6-36 所示为 PK 功能，PK 功能分为礼物 PK 和人气 PK 两种方式，主播可以进行随机匹配或邀请主播进行 PK。

图 6-37 所示为抽奖功能,主播可以在直播时设置参与条件、奖品以及开奖时间来活跃直播间的气氛。

图 6-34

图 6-35

图 6-36

图 6-37

此外,小红书还有一个特殊功能,那便是专栏的功能。专栏是小红书帮

第 6 章　各色直播平台

助用户知识变现的新功能,用户可以将自己的知识或经验通过付费的形式展示在专栏之中,其他用户想要观看的话,完成付费便可以观看。

专栏在直播中可以显示,同时专栏在用户的个人主页上也可以看到,如图 6-38 所示。

图 6-38

2．优势

相较于其他直播平台,小红书有哪些优势呢?下面我们来看一下小红书的具体优势,如图 6-39 所示。

小红书的具体优势:
- 在小红书平台中,用户对于直播商品价格的敏感度相对较弱,因此其直播带货的转化率相对高于其他平台
- 小红书平台针对一些中小品牌进行倾斜扶持,支持各大品牌直播推广
- 相较于其他直播平台,在小红书平台的直播间内的种草复购率相对较高,退货率则相对较低
- 小红书中大部分直播以分享生活为主,因此直播内容大多以博主生活为主,真实、美好

图 6-39

3．特点

目前来说，小红书直播具有两个特点，如图 6-40 所示。

小红书直播特点：
- 平台本身的定位是分享社区，因此小红书直播是以社区基本逻辑作为基础，为主播与粉丝之间的沟通提供一个桥梁
- 小红书作为分享型社区平台，因此其直播的内容也就更加偏向于生活方式的分享

图 6-40

6.6.2 注意事项

小红书作为一个电商内容社区平台，自 2013 年成立发展至今已积累了大量的用户，现如今小红书平台的月活跃用户数量已经过亿，且大部分用户都是 90 后的年轻群体。和其他平台相比，小红书的创作门槛和变现门槛都比较低，这也是越来越多的优质内容创作者入驻的原因之一。

2021 年 4 月，小红书《社区公约》上线，从分享和互动两个角度对小红书作者的社区行为规范做出了相关规定，如图 6-41 所示。

图 6-41

除此之外,对于小红书作者而言,在进行运营的过程中,还需要遵守小红书社区规范,如图 6-42 所示。

图 6-42

6.7 本章小结

本章向读者介绍了抖音、淘宝、快手、B 站、拼多多、小红书等直播平台,每个平台都分别从直播入口、互动玩法、直播规范等多个方面进行了介绍,希望能够帮助读者选择一个适合自己的直播平台。

6.8 本章习题

1. 个人入驻淘宝直播的条件有哪些?
2. 多多直播在运营上有哪些技巧?

Chapter 07

第7章
直播前的准备

要想开通直播，主播首先要做好一些必要的准备工作，包括直播场地、背景装饰、网络设备、灯光设置、摄像工具、耳麦设备、声卡设备、产品摆放、隔音装置以及人员分工等，这些都是搭建专业带货直播间的基础元素。

7.1 直播间布置 9 大要素

优秀的直播间能够营造产品的体验氛围，促进买家下单。本节主要介绍布置直播间的一些基本要素，帮助主播做好直播前的准备工作，为之后的直播打好基础。

7.1.1 直播场地

直播空间主要包括房间面积和直播角度两个部分。

1．房间面积

直播间的房间面积不宜过小或过大，通常为 20 ～ 50m²，这样不仅能够容纳直播设备和主播，还可以摆放足够多的产品。

（1）房间面积过小：直播间会显得非常杂乱拥挤。

（2）房间面积过大：不仅直播间的装修费用更高，而且整个空间会显得空旷，同时麦克风也容易产生回音，影响观众的观看体验。

2．直播角度

主播在直播时，主要包括坐姿和站姿两种姿势，不同的姿势可以选择不同的直播角度，具体设置方法如图 7-1 所示。

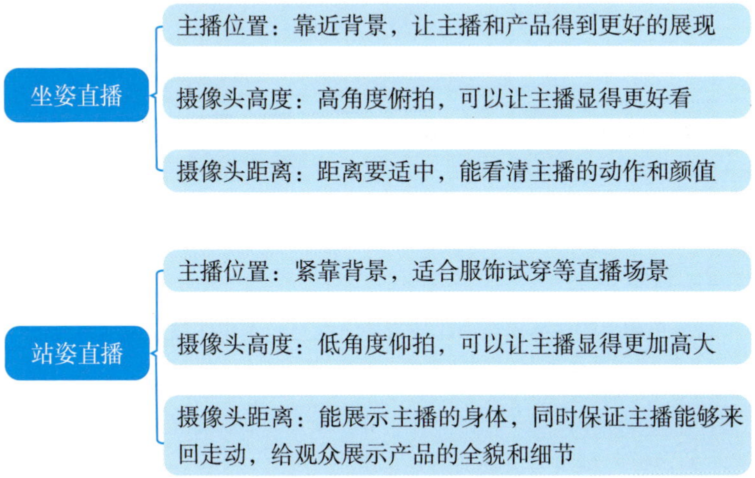

坐姿直播
- 主播位置：靠近背景，让主播和产品得到更好的展现
- 摄像头高度：高角度俯拍，可以让主播显得更好看
- 摄像头距离：距离要适中，能看清主播的动作和颜值

站姿直播
- 主播位置：紧靠背景，适合服饰试穿等直播场景
- 摄像头高度：低角度仰拍，可以让主播显得更加高大
- 摄像头距离：能展示主播的身体，同时保证主播能够来回走动，给观众展示产品的全貌和细节

图 7-1

7.1.2 背景装饰

主播在选择直播间的墙纸或墙漆等背景装饰物时,需要注意的事项如图 7-2 所示。

选择直播间背景装饰的注意事项
- 不要选择太刺眼的色彩,否则背景墙面容易反光
- 不要选择太花哨的样式,否则无法突出产品的主角地位
- 尽量选择简约的背景装饰,这样能够让观众的目光更多地停留在产品上

图 7-2

另外,直播间的背景墙如果是白色的,则要尽量用墙漆、墙纸或背景布重新装饰一下,来提升直播间的视觉效果。

1. 墙漆或墙纸

尽量选择饱和度较低的纯色墙漆或墙纸,如莫兰迪色系就是非常好的选择,如图 7-3 所示。另外,主播也可以在墙纸上印上品牌的 Logo(logotype,商标)或名称,来增强观众对品牌的记忆。

图 7-3

2. 背景布

背景布最大的优势是更换比较方便,而且成本也比墙漆或墙纸要低,非常适合新手商家、主播和短视频创作者使用。

特别提醒 主播可以定制一些背景布,让厂家做成品牌墙或者漂亮的 3D 图案墙等,来增强直播间的创意性,如图 7-4 所示。

第 7 章 直播前的准备

图 7-4

7.1.3 网络设备

直播离不开网络，室内直播主要使用宽带或 Wi-Fi 等联网方式，户外直播则需要使用无线网卡设备，手机直播还可以使用手机卡自带的流量。

不管是哪种联网方式，主播都需要确保直播时的网络畅通，建议上传速度保持在 20MB/s 左右，这样直播才不会出现卡顿的情况。主播可以使用一些测速软件来查看自己的网速是否达到要求，如图 7-5 所示。

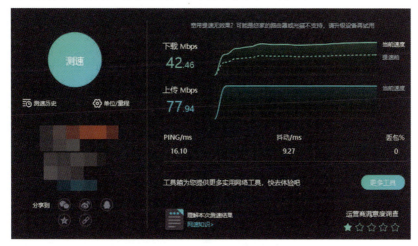

图 7-5

7.1.4 灯光设置

直播间的布光要求相较于拍摄短视频来说要稍低一些,通常只需要一盏顶灯和两盏补光灯即可,当然这也是最基本的搭配方案。

1. 顶灯

顶灯通常安装在直播间的房顶上,位置最好处于主播的头顶上方 2 米左右,作为整个直播间的主光源,起到照亮主播、产品和环境的作用。在选择顶灯设备时,可以挑选一些有主灯和多个小灯的套装,这样能够从不同角度照射到主播,让其脸部清晰明亮,同时消除身后的背影,以及确保产品不会产生色差,如图 7-6 所示。

图 7-6

顶灯的功率大小主要根据直播间的面积来选择,如 20～30m² 的直播间可以选择 50W 左右的 LED 吸顶灯套装,这种灯不仅更加节能,还可以更好地控制光线的亮度。

2. 补光灯

直播间通常会用到两盏补光灯,即 LED 环形灯和柔光灯箱,通过两者搭配使用来增强主播和产品的直播效果,如图 7-7 所示。

图 7-7

LED 环形灯通常放置在主播的前方,将色温调节为冷色调,能够消除顶灯产生的阴影,更好地展现主播的妆容造型,以及提升产品的轮廓质感。柔光灯箱则通常是成对购买的,可以放在主播或产品的两侧,其光线均匀柔和,色彩饱和度更好,层次感更丰富。

7.1.5 摄像工具

摄像工具主要用于采集直播画面,是决定直播效果的关键设备。带货直播对于摄像工具的要求不是特别高,不像游戏直播那样,需要购买高配置的手机或计算机,基本要求为确保直播时的画面清晰且流程不卡顿即可。

1.手机

使用手机直播时主要用到的是前置摄像头,如图 7-8 所示,要求能够达到 1600 万 px 以上。同时手机运行内存建议在 8GB 以上。另外,使用手机直播时,通常还需要搭配一个直播支架,以确保直播时的画面足够稳定,如图 7-9 所示。

图 7-8   图 7-9

2.计算机

如果主播使用计算机进行直播带货,则只需配置一台 CPU 和内存好点的计算机即可。尽量选择品牌机或者质量过硬的组装机,避免直播过程中产生问题,如图 7-10 所示。

计算机直播还需要购买一款动态捕捉能力强大的摄像头,能够在直播画面中实时展现主播的动作。例如,罗技 C920 摄像头拥有 1500 万 px,分辨率可达到 1920×1080,可视角度为 78°,能够带来清晰流畅的直播画面效果,如图 7-11 所示。

建议 CPU 选择 i5 以上,内存选择 8GB 以上

图 7-10

图 7-11

7.1.6 耳麦设备

主播在使用笔记本计算机进行直播时,如果是品牌较好的笔记本,则可以直接用自带的麦克风(也称为话筒)来直播。如果是一般的台式计算机,或其他杂牌笔记本,则自带的麦克风效果就会比较差,不仅声音小,还可能有杂音,所以不推荐使用。

手机的麦克风通常比计算机要好,不仅可以采集到清晰的声音,而且声音的输出也比较稳定、清晰。但手机也只能满足基本的直播要求,适合比较安静的环境下使用。

因此,不管是用计算机还是用手机直播,建议主播购买一个独立麦克风,能够让直播中的声音效果更加甜美动人，如图 7-12 所示。

图 7-12

独立麦克风一般包括动圈麦克风和电容麦克风两种类型，两者的主要优缺点如图 7-13 所示。

动圈麦克风 → 优点：价格更便宜，即使是在户外的嘈杂环境下也能清晰收音
缺点：声音比较沉闷，对于人声的还原度较低

电容麦克风 → 优点：收音效果清晰，人声的还原度较高，声音更集中透亮
缺点：价格比动圈麦克风稍贵，在户外容易录到杂音，只适合在安静的室内环境下使用

图 7-13

7.1.7 声卡设备

麦克风主要用来采集声音，而声卡则主要用来处理声音，可以把麦克风收录的声音传输到计算机或手机上，这能够让主播的声音更好听。

1. 手机声卡

市场上比较好的声卡品牌非常多，如雅马哈、森然、富克斯特、艾肯、莱维特以及得胜等，其中 RME、得胜、莱维特和森然这几个品牌比较适合手机直播。图 7-14 所示为艾肯 ICON UPORTS4 VST 手机外置声卡。

图 7-14

手机声卡的主要优势在于性价比较高,内置大容量电池,能够实现长期续航,而且可以兼容各种 App 和直播平台。

2. 计算机声卡

计算机声卡主要包括内置声卡和外置声卡两种类型。

(1)内置声卡:通常是计算机主板自带的,或者另外安装的 PCI-E 接口声卡,通常价格都非常便宜,音质效果也比较纯净。图 7-15 所示为创新(Creative)AE-9 内置声卡。

图 7-15

(2)外置声卡:拥有更加丰富的接口和强大的扩展功能,但价格通常也比较昂贵,具有更好的声音品质,以及多样化的变音效果和场景音效。图 7-16 所示为声佰乐 b6plus 外置声卡。

图 7-16

7.1.8 产品摆放

电商直播离不开产品,通常主播会同时介绍多个产品,而且同一个产品也有很多不同的款式,因此在直播间摆放产品也是非常有讲究的,主播需要根据直播的产品和类目来选择合理的摆放方式。下面我们就来看一下常见的三种产品摆放方式,分别是货架摆放、悬挂摆放、桌面摆放。

1. 货架摆放

在使用货架摆放产品的时候,主播切记不要将产品随意摆放。主播在摆放产品时需要注意的事项如图 7-17 所示。

```
                      ┌─ 产品的外部特征要比较明显,能够让观众一目了然
货架摆放产品 ─────────┼─ 每个货架上的产品要尽量摆满,显得更加琳琅满目
的注意事项            └─ 产品摆放要整齐,要能够给直播观众带来舒适感
```

图 7-17

货架摆放是通过将产品置于货架上的方式来展示产品,这类方式比较适合鞋子、化妆品、零食、箱包以及书籍等小产品,如图 7-18 所示。

图 7-18

2．悬挂摆放

悬挂摆放是指用架子将产品悬挂起来，比较适合悬挂的产品有衣服、裤子、雨伞以及毛巾等。悬挂摆放能够让观众对产品的整体效果有一个比较直观的了解，如图 7-19 所示。

图 7-19

3．桌面摆放

桌面摆放是指将产品直接摆在桌子上，放在主播的前面，比较适合美食生鲜、美妆护肤以及珠宝饰品等类目的产品。当然，不同类目的产品，适合的摆放方式也有所差别，相关技巧如下。

（1）美食生鲜：可以在桌面上多摆放一些产品，同时主播可以拿出一些食品进行试吃，让直播画面显得更加诱人。如图 7-20 所示，主播通过将已经煮熟的产品放在直播间的正中心，来吸引、诱惑用户进行购买。

图 7-20

（2）美妆护肤：对于护肤品或化妆品等产品来说，可以按产品系列进行分类摆放，要突出产品的丰富程度，如图 7-21 所示。

图 7-21

（3）珠宝饰品：一次不要摆放太多产品，尽量摆放得整齐一些，同时可以用包装盒进行收纳衬托，如图 7-22 所示。

图 7-22

7.1.9 隔音装置

直播主要是通过画面和声音来打动观众,从而促使他们下单购买产品的。因此,主播需要选择一个比较安静的直播场所,以及做好直播间的隔音处理。如果直播间本身的隔音效果不好,商家可以购买一些隔音海绵或者防风胶条,将其贴到门窗的缝隙上,也可以直接贴在墙上,从而避免附近的杂音干扰。图 7-23 所示为隔音海绵。

图 7-23

另外,主播还可以在直播间的地面安装地板,并铺上隔音地毯或地垫,这样能够很好地减弱麦克风带来的回声。图 7-24 所示为隔音地毯。

图 7-24

7.2 了解直播分工

通常情况下,一个完整的直播间分工包括主播、助播、运营、场控、数据分析以及客服等。当然,有能力的主播可以身兼数职,但同样需要厘清这些直播角色的功能,这样才能提升直播间的带货效率。下面以拼多多为例,向大家介绍直播的分工情况。

7.2.1 主播

拼多多直播不同于抖音和快手等短视频电商直播,他们可能会经常跨品牌和类目进行带货,而拼多多则要求主播要深入了解自己所带货的产品。商家在选择主播时,或者将自己打造为店铺主播时,还有一些基本要求,具体如图 7-25 所示。

主播的基本要求
- 主播是店铺的形象代言人,气质与店铺风格要契合
- 店铺主播需要垂直化运营,深耕某个类目或品牌
- 店铺要固定 2 ~ 3 个主播人选,不要随意频繁更换

图 7-25

例如,对于服装产品来说,主播的颜值就要高一些,同时要有好的身材和口才,这样不仅能够穿出漂亮的服装效果,还能把服装的优势讲出来。

直播销售员：如何做好带货主播

再如，在各种数码产品的直播间，观众会提各类问题，则主播需要将自己打造成一个专家的形象，能够快速回复观众的问题，同时也能够将产品的优势有条不紊地说出来，从而增强观众的信任度，如图 7-26 所示。

图 7-26

确定好店铺需要怎样的主播人选后，商家该如何寻找主播呢？在拼多多平台，通常有图 7-27 所示的 4 种途径。

网红带货达人	优点：自带粉丝，流量非常大，能够帮助品牌快速打响名气 缺点：佣金价格较高，粉丝人群可能与产品消费人群不一致
外部直播机构	优点：主播的专业性较强，同时商家可选择的人选比较多 缺点：涉及机构和主播分成，商家需要付出更多的成本
多多直播代播	优点：能够帮助暂时没有主播的商家快速开启直播带货渠道 缺点：商家需要提前了解主播信息，这可能要花费一些时间
店铺自家主播	优点：商家可以拥有属于自己店铺的主播，对产品更加了解 缺点：主播通常是非专业出身，需要一段时间来熟悉和掌握主播技巧

图 7-27

由于多多直播推出的时间并不长，平台的主播也比较少，因此很多店铺可能一时无法找到合适的主播。此时，商家可以试着自己开播，因为只有商家才是最了解自己店铺产品的人。笔者认为，电商直播不同于以往的秀场直播，即使主播没有好的身材和颜值，但只要你能够坚持为消费者提供物美价廉的产品，成功也将会唾手可得。

7.2.2 助播

助播，简单理解就是帮助主播完成一些直播工作，也可以称为主播助理，具体工作内容如图 7-28 所示。

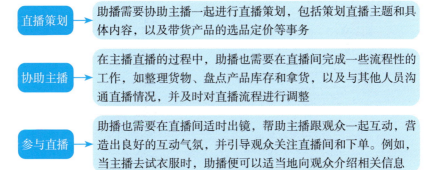

图 7-28

对于主播来说，助播能够起到锦上添花的作用，一主一辅相互配合，彼此是一种相互依赖的关系。

例如，在平台大促期间，当主播的嗓子已经喊哑的时候，助播就要说更多的话，告诉观众怎么领券下单，分担主播的压力。

如果主播的粉丝量非常大，达到了几十万以上，而且粉丝的活跃度非常高，此时就需要增加一些助播人数了。当然，一个助播每天也可以协助多个主播，来延长自己的工作时间，从而获得更多收入。

> **特别提醒** 助播其实是比较能够使人更快成长的一个职位，往往能够在直播间身兼数职，很有发展潜力。例如，助播可以发展成为运营主管，去培养更多定位精准的专业型小主播，成立自己的直播团队或机构。

7.2.3 数据分析

直播间的数据分析人员是一个把控全局的岗位，要善于分析数据，做好直播间的总结和复盘，推爆款产品，并为下一场直播做准备。

以拼多多为例，数据分析人员可以进入"多多直播"网页版的后台主页，在直播列表中单击"操作"栏中的"数据详情"链接，如图 7-29 所示。

图 7-29

执行操作后，即可进入直播详情页面，上方可以看到直播标题、直播时长、全部评论、全部商品和全部想看等信息，如图 7-30 所示。

图 7-30

在该页面下方的"本场直播数据"区块中，分为"成交总结"和"互动总结"两个板块来列出本场直播的所有数据，如图 7-31 所示。

第 7 章 直播前的准备

图 7-31

（1）"成交总结"板块：包括支付订单（笔）、支付金额（元）、UV 转化率以及 PV 转化率等核心数据。商家可以将这些数据跟整个店铺的数据进行对比，查看直播带货的 GMV 占整个店铺的比例，以及分析售出产品数、客单价和利润比等指标。

（2）"互动总结"板块：包括累计观看（人次）、新增关注（人）、评论（条）、直播间分享（次）以及人均观看时长（分）等数据。这些数据可以反映出主播的口才与亲和度等互动能力，数据越高，代表主播的粉丝黏性越高，越能在直播间留住观众，下单的可能性也就越大。

商家可以进入拼多多商家后台的"数据中心→交易数据"页面，查看店铺的成交数据情况，如图 7-32 所示。数据分析人员可以根据直播间的每次数据波动情况，来优化和调整下一次直播内容。

图 7-32

> **特别提醒**
>
> PV 是 page view 的缩写，即页面浏览量的意思，在直播间指的是累计观看（人次）数据。UV 是 unique visitor 的缩写，一般指独立访客，即有多少买家进入直播间（重复进入的买家不算）。GMV 是 gross merchandise volume 的缩写，主要是指网站的成交金额。

7.2.4 场控

对于主播来说，直播间的场控是一个炒热气氛的重要岗位，不仅可以帮助主播控制直播间的节奏，解决一些突发状况，还可以引导粉丝互动。直播间场控的具体要求如图 7-33 所示。

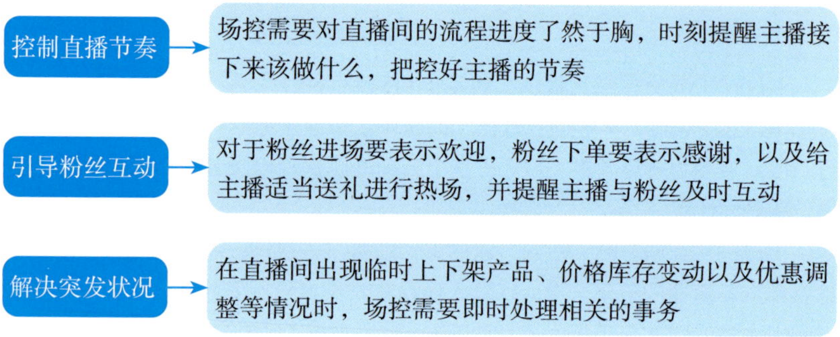

- **控制直播节奏**：场控需要对直播间的流程进度了然于胸，时刻提醒主播接下来该做什么，把控好主播的节奏
- **引导粉丝互动**：对于粉丝进场要表示欢迎，粉丝下单要表示感谢，以及给主播适当送礼进行热场，并提醒主播与粉丝及时互动
- **解决突发状况**：在直播间出现临时上下架产品、价格库存变动以及优惠调整等情况时，场控需要即时处理相关的事务

图 7-33

对于一些小主播来说，如果运营人员的时间足够多，同时能力也比较强，也可以由运营来兼任直播间场控一职。

7.2.5 客服

直播间的客服主要工作是引导买家观看直播和下单，同时解答观众在直播间提出的问题，促进直播间的成交转化率。

如图 7-34 所示，主播可以进入拼多多商家后台的"多多客服→客服工具→分流设置"页面，完善店铺的售前和售后客服分工，以提升客服团队的接待效率和买家咨询体验，进而提升店铺的转化率。

需要注意的是，客服在给店铺直播间引流时，只需要在黄金时刻进行即可。当然，如果直播间全天的流量都非常大，也可以让客服加强引导买家到直播间的频率。

第 7 章 直播前的准备

图 7-34

7.2.6 运营

直播间的运营是一个非常重要的岗位,主要的工作任务都在直播前期的策划上,包括直播脚本、活动以及选品等,如图 7-35 所示。

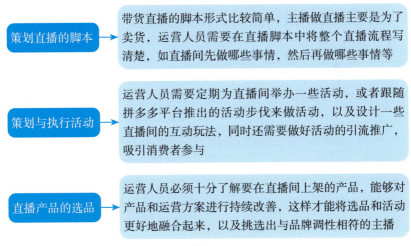

图 7-35

通常情况下,直播间的运营都要具有一定的成本及营销意识,能够通过一系列的运营策划把直播间做得更好。对于大主播来说,可以多设置一些运营岗位,如内容策划运营、渠道宣传运营以及选品对接运营等,这样做能够更好地提升直播运营数据。

需要注意的是，运营要提前将直播脚本制定好，才能够更好地保证直播的各个环节都能滴水不漏，才能有效把控直播的节奏，让直播间更加吸引观众。表 7-1 所示为一个简洁明了的直播脚本范本。

表 7-1

xx 店铺 x 月 x 日直播脚本				
直播时间	× 年 × 月 × 日 晚上 × 点 ~ × 点			
直播主题				
直播准备	（场地、设备、赠品、道具以及商品等）			
时间点	总流程	主播	产品	备注
× 点 × 分	开场预热	跟观众打招呼并进行互动，引导关注	/	/
× 点 × 分	讲解 1 号产品	讲解产品：时间 10 分钟 催单：时间 5 分钟	×× 产品	/
× 点 × 分	互动游戏或连麦等	互动：主播与助播互动，发动观众参与游戏 连麦：与 ×× 直播间 ×× 主播连麦	/	拿出准备好的道具
× 点 × 分	秒杀环节	推出秒拼、甩卖以及拍卖等直播商品	×× 产品	/
× 点 × 分	优惠环节	跟观众打招呼，同时与其进行互动，用优惠价格提醒观众下单，并再次引导关注	×× 产品	/

7.3　本章小结

本章主要介绍的是直播前的准备，分为两部分。一部分是直播间布置的 9 大要素，分别是直播场地、背景装饰、网络设备、灯光设置、摄像工具、耳麦设备、声卡设备、产品摆放、隔音装置；另一部分是直播分工，分别是主播、助播、数据分析、场控、客服、运营等。通过以上内容的介绍，帮助主播做好直播前的准备，从而达到顺利开播的目的。

7.4　本章习题

1. 直播间内产品摆放主要包括哪几种？
2. 一个完整的直播间分工主要包括哪几类工作人员？

Chapter 08

完善直播策划

　　直播可以让用户在观看直播内容的同时,轻轻松松地找到想买的物品。直播能够带给用户更深入的产品讲解,更细化的产品推广,也能让品牌商挖掘更多的潜在客户。本章主要介绍直播的多种常见模式,帮助各行业人员深耕垂直领域,做好直播策划,找准自身的定位。

8.1 细化直播模式

直播的快速发展,使得各种"直播+"模式不断出现。"直播+"模式就是指将直播技术与公益、电商、农业、音乐、电竞和教育等相结合,细化市场以及深入垂直讲解,共同推动直播平台向更深产业端渗透。

细化的直播内容,既能保证平台内容的及时更新,也能提升产品的品质,同时可以增强平台与用户之间的黏性,赢得用户的信任感,获得更多忠实的用户支持,为平台的发展和之后产品的销售都做好了铺垫。

各大行业在"直播+"的模式下,也能获得更多新的经济增长点,与直播平台实现共赢。这种多样化的发展,使得平台突破了原有的直播流量红利消失的瓶颈,也让各大行业通过直播获得了新的销售传播途径,进一步释放行业的价值。

8.1.1 垂直定位

面对互联网不断更迭的现象,以及不断增长且细化的用户需求,直播平台需要细化自身的市场定位。只有对市场需求进行精准的挖掘,才能使直播取得更佳的效果。图 8-1 所示为"直播+"模式的主要概要。

图 8-1

在这样一个"千人直播"的时代,人们对网络千篇一律的传统直播模式习以为常,而"直播+"的模式,将直播与其他行业紧密相连,为自身的发展也提供了新的选择和方向。

单一的直播模式在普罗大众的心中已失去了新鲜感,而"直播+"模式将直播形式对准更深的行业领域,并成为其传播途径,既能满足用户对直播的不同需求，也能让自身的发展获得更多机会。因此，我们需要细化自身行业的市场定位，深耕垂直领域。

例如，游戏直播在直播中侧重相关游戏及其衍生品的销售。热门的游戏直播平台包括斗鱼直播、虎牙直播，这些平台在销售产品时除了提供用户打赏之外，还可以提供一些游戏的相关产品，如游戏客户端、游戏礼包、虚拟道具，以及人物相关的模型等游戏周边。图 8-2 所示为游戏直播模式的解释。

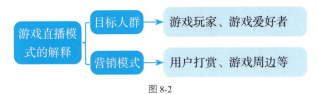

图 8-2

8.1.2 各端渗透

"直播+"模式是与各大行业之间的合作，在细化自身定位后，即可选择相应的行业领域，并推动直播平台向产业链各端深入发展。直播平台对产品进行销售，在直播时的互动反馈，可以使得品牌及时、准确地获取用户需求，同时也能加大品牌产品的投放量。

"直播+"模式推动了直播平台与产业链各端的沟通与联系，产业链可划分为三个部分：第一部分是品牌、供应链、主播；第二部分是负责沟通连接的平台和服务，平台负责运营，是传播的载体，服务负责维系用户与平台之间的关系；第三部分为用户。

在"直播+"模式中，直播平台与用户之间的互动加强了，平台与品牌之间的联系也更为密切，从而推进了直播平台向产业链各端渗透。

8.1.3 直播创新

"直播+"模式因为用户人群精准，用户的需求也更为精准，精准的需求有利于促进品牌内容的创新和产品的更新。

例如，淘宝上有大量的淘女郎和模特，这些淘女郎各自拥有自己的粉丝和流量，在与粉丝的交流与互动直播中，可以直接给粉丝推送产品。在直播期间，主播可以采取优惠券、点赞等多种形式活跃直播氛围，吸引用户关注、及时更新直播内容。图 8-3 所示为电商直播界面。

图 8-3

直播技术与行业产品相结合，将直播的互动性带入了产业生产，并依据及时的互动反馈促使产品创新。

当平台在进行直播时，后台运营可根据用户的点击率高低来进行直播首页内容的筛选、更新平台的推送或者是产品顺序的更改，所以直播能够快速地了解到用户的喜好情况，从而更有利于平台内容的创新。

在"直播＋"电商模式中，销售产品时所显示的弹幕信息也能让品牌方及时看到用户的需求，从而研发并更新品牌产品。

8.1.4　标签设置

"直播＋"模式通过细化直播内容使得对用户需求的获取更为精准。以直播＋电商的形式为例，依据用户不同的风格、体型，对直播内容进行划分，进而提供不同的搭配风格，根据用户不同的需求推荐不同产品。

直播可以通过不同的标签对不同的人群进行吸引，如甜美、轻熟、森系等。

图 8-4 所示为通过"小个子""微胖""大码"这些标签来吸引用户点击的直播。

图 8-4

细化的直播内容和详情的解答,使得用户能更快、更仔细地了解该产品,大大提升了用户的购买体验。

"直播+"模式不仅能准确满足用户的内在需求,降低用户的购买错误率,还能增强用户与平台之间的黏性。

8.1.5 多种行业

传统的销售方式,如电视购物,主要是通过主持人讲述,但是"直播+"形式下的销售是互动的,主播和用户可以通过弹幕相互交流。从主播的角度,而不是主持人来介绍该产品,因两者之间的信任促使用户购买,这样的方式有利于产品价值的变现,为行业经济发展提供新的增长点。

"直播+"模式下的销售是以直播为手段,更加确保了产品的真实性。5G 技术使视频变得可扩大和缩小,方便用户更仔细地观察产品。

另外,如农业这样的传统行业,一般是通过现场销售或者对周边城区进行销售,但是通过"电商+农业"的模式,促进了农产品的推广,扩大了农产品的销售范围。图 8-5 所示为农产品直播间。

图 8-5

8.1.6 合作双赢

以"直播＋电商"形式为例，将直播内容与产品相关联，不仅方便了用户购买，也能节省销售成本。利用"直播＋电商"模式，能依靠主播的流量，达到产品短时间的"促销效果"，同时也能被热爱网购的年轻人所青睐，让用户在观看直播的同时，在潜意识里接受产品并购买产品，效果好的直播甚至能让某一产品脱销。

通过直播进行的合作，可以实现合作方的双赢，甚至是多赢。无论是平台，还是合作的品牌，都能因此模式获益。对平台来说，能加速流量变现。用户越喜爱，平台直播的观看者越多；平台越火热，点击量和流量也越多，流量变现越迅速，如图 8-6 所示。

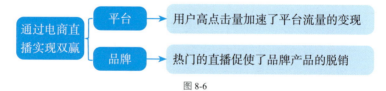

图 8-6

平台自身的市场定位在合作中尤为关键。如蘑菇街就主要针对女性服饰。不仅能提供细致精准的服务，还能让用户获得有关的知识，从引导用户到培育用户，实现流量的稳定增长。

8.2 确定直播内容

直播首先是一种内容呈现形式，因而在内容方面的呈现就显得尤为重要。

那么，什么样的内容才是好的内容呢？从营销方和用户来说，能满足营销方的营销需求和满足用户的关注需求才是本质要求。本节就从直播的内容出发，对直播营销进行阐述。

8.2.1 内容模式

随着视频直播行业的发展，内容的模式基于商家和用户的需求而发生了巨大的变化，从而使得在直播内容的准备和策划方面的关注点也产生了极大的转移，即要求明确内容的传播点和注意内容的真实性。

只有这样，才能策划和创作出更好的、更受用户关注的直播内容。下面将从两个方面的要求进行具体介绍。

1．明确内容

相对于最初开始的直播更倾向于个人秀和娱乐聊天的内容模式，当直播迅速发展和竞争加剧，此时就有必要对直播内容有一个明确的定位，并选择一个可供用户理解和掌握的直播内容传播点。也就是说，在直播过程中，要有一个类似文章中心思想的东西存在，而不能只是乱侃一气。

图 8-7 所示为以聊天为内容的直播间，这个直播间内并不是想到什么聊什么，而是以摄影话题为中心与直播间观众进行互动。

图 8-7

直播内容的传播点，不仅能凝聚一个中心，把所要直播的观点和内容精炼地表达出来，还能让用户对直播有一个清晰的认识，有利于主播知名度和形象的提升。

一般来说，所有的直播都是有一个明确的信息传播点的，只是这个传播点在界定上和选择的方向上有优劣之分。好的信息传播点，如果再在直播策划和运行中有一个明确的呈现，那么直播也就成功了一半。

2．内容真实

直播是向用户展示各种内容的呈现形式，尽管其是通过虚拟的网络连接了主播和用户，然而从内容上来说，真实性仍然是其本质要求。

当然，这里的真实性是一种建立在发挥了一定创意的基础上的真实。直播内容要注意真实性的要求，为呈现能和用户产生联系的直播内容，表现在真实的信息和真实的情感两方面，这样才能达到吸引和打动用户的传播目标。

8.2.2 确定方向

在视频直播发展迅速的环境下，为什么有些直播节目关注的用户数量非常多，有些直播节目关注的用户又非常少，甚至只有几十人？其实，最主要的影响因素有两个，一是对内的专业性，一是对外的用户兴趣。

这两个因素之间是有着紧密联系的，并在直播中相互影响，互相促进，最终将实现推进直播行业发展的目标。下面笔者将对这两个因素分别加以详细介绍，帮助大家更好地确定直播的方向。

1．从内来看

就目前视频直播的发展而言，个人秀场是一些新人主播和直播平台最初的选择，也是最快和最容易实现的直播选择。

在这样的直播环境中，平台和主播应该怎样发展和达到其直播内容的专业性要求呢？关于这一问题，可以从两个角度考虑。

（1）基于平台专业的内容安排和主播的专业素养，直播主播自己擅长的内容。

（2）基于用户的兴趣，从专业性角度来对直播内容进行转换，直播用户喜欢的专业性内容。

主播在选择直播内容的方向时，可以基于现有的平台内容和用户而延伸发展，创作用户喜欢的直播内容。

在直播中，用户总会表现出倾向某一方面喜好的特点，所以主播就可以从这一点出发，找出具有相关性或相似性的主题内容，这样就能在吸引平台用户注意的同时，增加用户黏性。

例如,一些用户喜欢欣赏手工艺品,那么这些用户就极有可能对怎样做那些好看的手工艺品感兴趣,因而可以考虑推出关于这方面的有着专业技能的直播节目和内容,实现直播平台用户在不同节目间的转移。

而与手工相关的内容又比较多,既可以介绍手工的基础知识和历史,也可以教用户边欣赏边做,还可以从手工制作领域的某一个点出发来直播,如图 8-8 所示。

图 8-8

2. 从外来看

直播是用来展示给用户观看的,是一种对外的内容表现方式。因此,在策划和考虑直播时,最重要的不仅是其专业性,还有其与用户喜好的相关性。一般来说,用户喜欢看的,或者说感兴趣的信息主要包括 3 类,具体如图 8-9 所示。

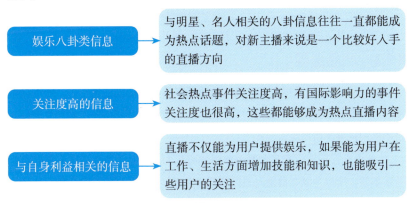

图 8-9

从图 8-9 中的 3 类用户感兴趣的信息出发来策划直播内容，可以为吸引用户注意力提供基础，也能为直播成功增加筹码。

除此之外，还可以把用户的兴趣爱好考虑进去。如女性用户一般会对一些美妆、美食类内容感兴趣，而男性用户往往会对鞋子、手表、运动装备感兴趣。基于这一考虑，直播平台关于这些方面的直播内容往往就比较多，如图 8-10 所示。

图 8-10

8.2.3 产品呈现

利用直播进行营销，最重要的是要把产品尽可能地销售出去，所以在直播过程中要处理好产品与直播内容的关系。因此，在直播中既不能只讲产品，也不能一味地不讲产品。

如果全程只介绍产品会减弱直播的吸引力，而完全不介绍产品又会忽略营销本质，所以主播在直播时须巧妙地在直播全过程中结合产品主题。

第 8 章 完善直播策划

巧妙地在直播全过程中结合产品主题，其意在全面呈现产品实体及鲜明地呈现产品组成，最终为实现营销做准备。那么，具体应该怎样做呢？下面分别进行介绍。

1. 全面呈现

要想让用户接受某一产品并购买，首先应该让他们从直观感受到内部详解全面地了解产品。

因此，在直播过程中，主播一方面需要把产品放在旁边，或是在讲话或进行某一动作时把产品展现出来，让用户能看到产品实物。

图 8-11 所示为一场关于女士箱包的直播。在直播过程中，主播将包进行了实物的展示，无论是包的外观，还是内部的结构，都进行了一些说明。

图 8-11

另一方面，主播需要在直播中植入产品主题内容，或是在直播中把产品的特点展示出来。另外，为了更快地营销，一般还会在直播的屏幕上，对其产品列表、价格和链接进行标注，或是直接展现购物车图标，以方便用户购买。

图8-12所示为淘宝直播的直播间。主播将产品上架后，用户只需点击左下角的产品链接就可以跳转至购买界面。

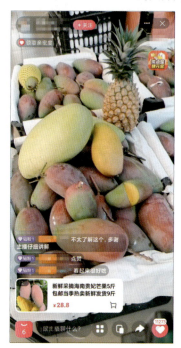 

图 8-12

2．鲜明呈现

视频直播不同于实体店，用户要产生购买的欲望，应该有一个逐渐增加信任的过程。而鲜明地呈现产品组成，既可以更加全面地了解产品，又能让用户在了解产品的基础上信任产品，从而放心购买。

关于呈现产品组成，可能是书籍产品的精华内容，也可能是其他产品的材料构成展示，如食物的食材、效果产品内部展示等。图8-13所示为一场销售藕粉的直播。在该直播中，主播为了让用户清楚地了解每个产品的具体组成，特意将包装里面的藕粉都倒入大盒子里面，向观众进行展示，并且还特意冲泡了一杯。

图 8-13

8.2.4 特点热点

一般来说,用户购买某一产品,首先考虑的应该是产品能给他们带来什么样的助益,即产品能影响到用户的哪些切身利益。

如果某一产品在直播过程中所突出体现的产品热点和特点能让用户感到是对自己有益的,就能打动用户并激发他们的购买欲望,实现营销目标。因此,在直播的过程中,主播要懂得大胆地展示产品的热点和特点,激发用户在直播间的购买欲望,才能促进直播间的销量。

1. 实际操作

在展现产品给用户带来的变化时,视频直播与其他内容形式最大的不同就在于它可以更清楚、直观地告诉用户肉眼所能看见的变化,而不再只是利用单调的文字组成的对改变做出描述的一段话。

虽然在写作时形容写物、写景写得好,好像把物体和景物真实地呈现在了用户面前。然而,在用户脑海中通过文字描述构筑的画面和呈现在眼前实际的画面还是存在一定的差距的。

因此，在视频直播中，利用实际操作把产品所带来的改变呈现出来，可以更好地让用户看到产品的特点、感受产品的真实效果。

这种直播内容的展现方式在推销服装和美妆产品中比较常见。图8-14所示为美甲直播间。通过在直播间内涂抹美甲，用户可以很直观地感受产品的使用效果，而主播则可以结合使用体验，将产品的特点告知用户。

图 8-14

2．把握热点

在网络迅速发展和信息量巨大的环境中，对主播来说，热点总是与大量的关注和流量联系在一起的。因此，在策划直播内容时应该通过准确把握时代热点来展开直播和进行直播营销。

在直播营销中通过把握热点来创造直播内容包括两个方面的内容，一是找准热点，二是根据热点策划直播，下面将分别加以介绍。

1）找准热点

热点就是在各个平台、各个领域吸引了绝大多数人关注的流行信息。如每年的6、7月的高考都可算得上是一个热点。又如，每年国庆节都会全国欢庆，所以国庆节也是一个十足的热点。再如，2022年在北京举行的冬奥会，吉祥物冰墩墩一度成为中心话题，让不少网友非常喜爱，其周边也被观众买到断货。许多直播借助该热点，并结合自己的产品举办一些活动，这便属于找准了热点的直播。

2）根据热点策划

在直播内容策划中，抓住热点做直播应该分三个阶段来进行，具体情况如下。

（1）第一个阶段为策划开始阶段。在这一阶段中，直播营销和运营者首先要做的是一个"入"和"出"的问题。

所谓"入"，就是怎样把热点切入直播内容中，这是需要找准一个角度，应该根据产品、用户等的不同来选择合适的切入角度。

所谓"出"，就是怎样选择直播内容的发布渠道，这就需要找准合适的直播平台，应该根据自身直播的内容分类，根据自身在各直播平台的粉丝数量以及直播平台特点来选择。例如，可以与游戏结合的产品和直播内容，就应该以那些大型的主打游戏的直播平台为策划点，如斗鱼直播、熊猫直播等。图8-15所示为能与游戏结合的直播内容平台选择举例。

图 8-15

（2）第二个阶段为策划实施阶段。在这一阶段，当直播内容有了策划的产品切入角度和合适的平台选择等基础后，接下来就是在上述基础上进行具体的内容准备。

首先,策划者应该撰写一篇营销宣传文案,以便直播营销能够更快实现。在撰写文案时,应该抓住热点和用户兴趣的融合点进行撰写。其次,应该在整体上对直播内容进行规划布局,这是根据热点策划直播内容整个过程中的主要内容,具体应该注意以下几个方面。

- ♣ 在直播中加入引导,巧妙地体现营销产品。
- ♣ 主播在直播过程中,应该注意讲述的方式。
- ♣ 在直播内容安排上,应该注意讲述的顺序。

(3)第三个阶段是策划输出阶段。热点其实是有时效性的,而直播内容的输出应该在合适的时间点呈现出来,既不能在热点完全过时的时候呈现,因为那时已出现了新的热点,原有的"热点"已经不再是热点了;也不能在热点还只是刚刚萌芽的时候呈现,除非是在商家自身有着极大的品牌影响力的情况下,否则可能因为选择不当而错失方向,也可能是为其他品牌宣传做了嫁衣。

因此,直播内容在策划输出时,应该找准时间点,既快又准地击中用户的心,吸引他们关注。其实把握热点话题来策划直播内容是一种非常有效的营销方式,其具有巨大的营销作用,具体如下。

- ♣ 以热点吸引大量的用户关注,增加直播间内的用户数量。
- ♣ 以热点的传播和用户参与来引导产品广泛销售。

3. 完美融合

上面的内容分别提及了产品的热点和特点,下面将从两者结合的角度来说明产品的直播营销。

在直播营销中,特点和热点都是产品营销的主要元素,要想在市场中实现更好、更快地营销,打造传播广泛的直播,主播就应该"两手抓",并在直播间实现完美融合。

例如,在三伏天期间,"高温""酷暑"已经成为热点。从这一角度出发,人们关心的重点是"凉""清凉"等,于是某一茶叶品牌推出了有着自身特点的冷泡茶单,帮助人们度过炎炎夏日。

可见,在视频直播中,如果能够将产品特色与时下热点相结合,就能让用户产生兴趣,进而关注直播和直播中的产品,从而产生购买的欲望。

8.2.5 软需增值

优秀的主播在直播时并不是光谈产品,要让用户心甘情愿地购买产品,最好的方法是提供给他们以软需为目的购买产品的增值内容。

这样一来,用户不仅获得了产品,还收获了与产品相关的知识或者技能,自然是一举两得,购买产品也会毫不犹豫。

那么,关于增值内容方面应该从哪几点入手呢?笔者将其大致分为3点,分别为用户共享、陪伴共鸣、边播边做。下面将分别进行详细介绍。

1. 用户共享

在如今这个信息技术发达的时代,共享已经成为信息和内容的主要存在形式,可以说,几乎没有什么信息是以独立而不共享的形式存在的,共享已经成为社会中人际交流的本质需求。

信息共享是表现在多方面的,如信息、空间和回忆等,且当它们综合表现在某一领域时可能是糅在一起的,如空间与信息、空间与回忆等。因此,对于直播而言也是如此,它更多的是一种在共享的虚拟范围空间扩大化下的信息。

一般来说,当人们取得了某一成就,或是拥有了某一特别技能的时候,总是想有人能分享他的成功或喜悦,因而共享也成为人心理需求的一部分。而直播就是把这一需求以更广泛、更直接的方式展现出来,如主播可以与用户共同分享自己别样的记忆,或是一些难忘的往事等。

当其与营销结合在一起时,只要能很好地把产品或品牌融合进去,那么用户自然而然地会被吸引并沉浸在其中,营销也就成功了。

可见,在直播中为用户提供共享这一软需的产品增值内容,可以很好地提升用户对产品或品牌的好感度,更好地实现营销目标。

2. 陪伴共鸣

直播不仅是一种信息传播媒介和新的营销方式,还是一种实时互动的社交方式,这可以从其对用户的影响全面地表现出来。人们在观看直播的时候,就好像在和人进行面对面的交流,当主播与用户进行亲切交谈时,就会使得用户感受到陪伴的温暖和共鸣,具体影响如下。

❖ 让用户忘掉独处的孤独感。

直播销售员：如何做好带货主播

♣ 让用户有存在感和价值感。

而直播作为一种新的营销方式，如果在其固有陪伴的共鸣基础上加以发挥，把陪伴的共鸣与产品结合起来，那么用户也将更清晰地感受到这一事实，这样就能更有效地引起关注和增加用户黏性。

3．边播边做

最典型的增值内容就是边播边做，通过知识和技能的传授，让用户获得新知，天猫直播、淘宝直播、抖音直播在这方面就做得很好。一些利用直播进行销售的商家纷纷推出产品的相关教程，给用户带来更多软需的产品增值内容。

例如，抖音直播中有一些手工材料销售的直播，一改过去长篇大论介绍产品的方式，而是直接在镜头面前展示手工制作的过程，边制作边介绍相关的产品，如图 8-16 所示。

图 8-16

在主播做手工的同时，用户还可以通过弹幕向其咨询产品的相关问题，如"你是用的德针吗？""绣的线的方向不一致有影响吗？""你勾的那个花起的多少针？"等，主播也会为用户耐心解答。这样，用户不仅通过直播得到了产品的相关信息，还学到了手工制作的窍门。用户得到优质的增值内容自然就会想要购买产品,直播营销的目的也就达到了。

其实,不仅是手工材料产品如此,其他方面的电商产品的直播营销也可照此进行,就直播主题内容中的一些细节问题和产品相关问题进行问答式介绍。这样的做法,相较于直白的陈述而言,明显是有利于用户更好地、更有针对性地记住产品的。

8.2.6 其他内容

除了前面 5 小节讲到的内容之外,直播策划者和主播还可以通过其他类型的内容来吸引用户的眼球,这一节笔者就来重点为大家介绍其中的 3 种内容。

1.用户参与,内容生产

在直播圈中,UGC(user generated content,用户创造内容)已经成为一个非常重要的概念,不但占据着非常重要的地位,而且影响着整个直播领域的内容发展方向。在直播营销里,UGC 主要包括两个方面的内容,具体如图 8-17 所示。

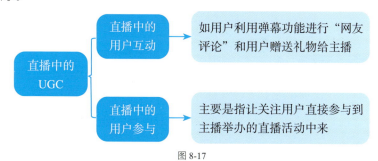

图 8-17

其中,让用户直接参与到举办的直播活动中来,是直播最重要的元素之一。在直播的发展大势中,只有让用户参与内容生产,才能更好地丰富直播内容,实现直播的长久发展。

要让用户参与到直播中来,并不是一件简单的事,而是要具备必要的条件才能完成的。要让用户参与到直播中来,有两个必备条件,即优秀的主播和完美的策划。

在具备了上述两个条件的情况下,基于直播潮流的兴起,再加上用户的积极配合,一场内容有趣、丰富的直播也就不难见了。

在直播过程中,用户是直播主体之一,缺失了这一主体,直播不仅会逊色很多，甚至有可能导致直播目标和任务难以完成。

2．CEO 上阵，更多期待

自从直播火热以来，各大网红层出不穷，用户早已对此感到审美疲劳。而且大部分带货直播内容没有深度，千篇一律，只是一时火热，并不能给用户带来什么用处。

因此，很多企业使出了让 CEO（chief executive officer，首席执行官）亲自上阵这一招。CEO 本身是一个比较具有吸引力的群体，再加上 CEO 对产品通常都具有专业性的了解，所以 CEO 亲自上阵直播会让用户对直播有更多的期待。

当然，一个 CEO 想要成为直播内容的领导者，也是需要具备一定条件的。笔者将其总结为 3 点，分别是知名度方面、切入点方面、直播内容方面，如图 8-18 所示。

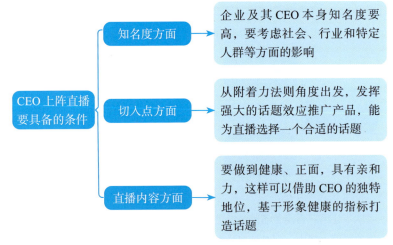

图 8-18

CEO 上阵固然能使得内容介绍更加专业化，可以吸引更多用户关注，但同时也要注意直播中的一些小技巧，让直播内容更加优质。

3．无边界内容，创新直播

正如"无边界管理"最终演变成了"没有管理是最好的管理"一样，直播中的"无边界内容"也是一种与传统的内容完全不同的概念，也就是说，它是一种创新性的概念。

概括来说,"无边界内容"的直播营销,就是在直播中完全没有看到任何与产品相关的内容,但是直播所表达出来的概念和主题等却会给用户留下深刻的印象,让受众在接受直播概念和主题的过程中推动着它们迅速扩展,最终促成产品的营销。在传统的广告推广中,"无边界内容"的方式就有经典的、很成功的案例。

"无边界内容"指的是有大胆创意的、不拘一格的营销方式。如今,随着直播营销竞争的加剧,商家在进行直播内容创新时,可以考虑多创造一些"无边界"的内容,吸引人们的注意力。

例如,在淘宝直播中,有一家卖化妆品的商家就十分有创意。该商家的直播内容以"春风十里 不如有你"为题,这让人一开始很难想到这家店铺是为了卖化妆品而做的直播。很多人都以为这是一个日常的直播,没想到后来弹出了相关产品的购买链接,而且直播中还讲了一个"对化妆品专一,对你也专一"的故事,没看到产品链接根本无法联想到是化妆品产品的营销。

这样无边界的直播内容更易被用户接受,而且会悄无声息地引发他们的购买欲望。当然,商家在创造无边界的内容时,一定要设身处地地为用户着想,才能让用户接受你的产品和服务。

8.3 本章小结

本章分别从细化直播模式和确定直播内容两个方面来向读者介绍怎么做好直播策划。在细化直播模式方面,读者可以通过垂直定位、各端渗透、直播创新、标签设置、多种行业、合作双赢等方式来细化直播内容,从而增加用户的黏性。而在直播内容方面,读者可以从内容模式、确定方向、产品呈现、特点热点、软需增值、其他内容等方面来明确直播内容,从而满足营销方和用户关注的需求。

8.4 本章习题

1. "直播+"模式的主要概要是什么?
2. 用户喜欢看的或感兴趣的信息主要包括哪些?

Chapter 09

第9章
标题封面设计

当直播用户看一个直播时,首先看到的就是该直播的封面和文案。因此,对于主播来说,设计一个抓人眼球的直播封面以及文案就显得尤为重要了,毕竟只有将直播封面图设计好了,才能吸引更多消费者点击查看你的直播内容。

9.1 掌握标题命名规律

其实,热门的直播间标题都是具有一定规律的,掌握了这些规律,主播便可以轻松地命名许多爆款标题了。本节将为大家一一陈述直播间标题命名的 5 条规律。

9.1.1 使用热词

直播间运营者在写直播间标题的时候,仅仅注重标题的形式是不够的,还要学会如何在标题中切入关键词,从而增加直播间的点击量和曝光率。那么,在直播文案标题中可以插入哪些关键词呢?下面笔者就来分别进行说明。

1. "免费"

"免费"一词在直播间标题的打造中起着不可忽视的作用,在标题中适当且准确地加入"免费"一词,可以很好地吸引用户,如图 9-1 所示。

图 9-1

在直播间的命题当中,"免费"一词可以很好地抓住用户的某种心理,当用户在看到标有"免费"一词的标题时,往往会不自觉地想去查看是什么东西免费和它的免费程度,这样便可以吸引用户点击和进入直播间。

标题有"免费"一词其实并不代表就是真正意义上的免费,"免费"一词出现在直播间的标题里也只是一个噱头,目的就是吸引用户的注意,从而达到文案助播的目的。在商业营销里面,"免费"这个词也有着十分广泛的应用,但它在"商业战场"上有一个特定的专业名词——"免费式营销"。直播间的标题之中加入"免费"一词实质上也是一种"免费式营销"。

"免费式营销"是一种基于消费者心理而提出的市场营销策略。相对于用钱来说，消费者更喜欢不要钱也能得到的东西，这个理念的提出也正是抓住了消费者的这一心理，可谓"对症下药"。

在这一理念中，"免费式营销"并不是真正的免费，这种营销理念的实质其实是小投入大回报的"钓鱼"营销理念，它的操作方式就像人们在日常生活中钓鱼一样，主播只需要在钓鱼的时候付出一小条鱼饵作为代价，便能收获一条或几条鱼的回报，而且这一方法和措施可以无限循环地来使用。"免费式营销"的最终目的就是要让消费者持续购买，这也是市场营销当中很常见的方法。

那么"免费式营销"又是如何在市场营销这片大的红海之中独树一帜的呢？在现代生活中，商业战场的厮杀十分惨烈，要想在商业战场里面获得较多的消费者，就不能仅仅想着主播自己，还要从可持续发展上面下功夫。换言之，就是要提高消费者的购买率。

"免费式营销"就很好地做到了这一点，它的实际操作也是十分简单。透过对"免费式营销"的一系列分析，可以看出"免费"一词已经不需要再大肆宣传了，也就方便了直播间的宣传。

2．"全新"

"全新"有表示发生了改变的意思，这个词汇放在直播间的标题当中，能让用户对直播内容产生新鲜感。

"全新"的意思就是与之前相比发生了天翻地覆的变化，和之前的完全不一样了。这一类标题所体现的内容一般都是经过一段时间的蛰伏或是消失了一段时间之后的重新回归。

带有"全新"一词的标题多指某产品的重新面世，所针对的用户大部分是以前的老用户。通过对之前的产品加以完善和优化，然后进行产品宣传，也能在很大程度上吸引新的用户关注和尝试，所以部分直播标题中会使用"全新"一词。

3．"现在""从今天开始"

在直播间标题当中，"现在"和"从今天开始"均代表一个时间节点，这类标题所讲的内容也是在这个时间节点之后才发生的事情。

"现在"是一个现在进行时态的词语，它表示当下的这一刻，也可以是指当下的一段时间。

当这一词汇出现在直播间的标题当中时，就表示所写的内容是贴近用户的生活的，人们所关注的大都是自己身边或是这段时期内所发生的与自身息息相关的事情，当看见标题当中有"现在"一词，用户就会点击进去看看自己身边或这段时间发生了哪些事情。

"从今天开始"表示的是一个时间节点，从今天往未来的很长一段时间里以今天作为界限。强调突出"今天"和"开始"，代表一个目标、政策或项目等将在"今天"开始变化或行动。

4．"清库存"

在电商直播中，常常会利用标题中含有的"清库存"一词进行直播，如图9-2所示。这种方式可以给人一种时间上的紧迫感，如同过时不候，促使用户赶紧点击直播以免错过。

图 9-2

5．"这""这些"等指向性词汇

"这""这些"和"这里有"都是指向性非常明确的关键词，若在直播间标题当中运用恰当，则对直播间的点击率影响巨大。

在撰写直播间标题的时候，光抛出一件事情或一句话有时候是不够的，用户有时候也需要引导和给出一些简单明了的指示，这个时候，在标题中切入"这""这些"就显得十分有必要了。

这两个词在标题里的应用原理也很简单。例如，有人告诉你某个地方正在发生一件很奇怪的事情，当你想知道到底是什么奇怪的事情时，他只跟你说在哪里发生的，却不将这件事情仔细地讲给你听，最终你还是会自己去看看到底是什么奇怪的事情。这一类带有"这""这些"的标题就是以这样的方式来吸引用户的。

在直播间中切入"这里有"的目的性也很明确，就是在告诉用户这里有你想知道的内容，或者这里有你必须要知道的内容，从而让用户点击进入直播间。

这一类标题大都是采用自问自答或者是传统式的叫喊，如"这里有你想要的气质美""大码爆款 T 恤这都有""这个直播间有 1 元福利"之类的。这种标题无须太多技巧，只需适时适当地知道用户想要的是什么就可以了，避免了其他形式标题的弯弯绕绕，又不会出太大的差错。

这种类型的标题相对于其他标题来说更简单清楚且直接，用户在看到这样的直播间标题时对直播内容就有了一定的了解，也能让对标题里所提到的信息点感兴趣的用户进入直播间，以此提高直播间的点击率。

6."怎样""哪一个"

"怎样"和"哪一个"都具有选择和征求意见、建议的意思，当这两个词汇出现在直播间的标题当中时，也给了用户一个选择，让用户参与到直播当中来，从而达到主播与用户之间互动的效果。

"怎样"一词在标题撰写当中一般有两种意思。一种是指怎么解决，讲的是方式和方法，展示的内容要帮助用户解决生活或工作当中的某一种较为普遍的问题，为用户出谋划策；另一种是主播讲述一件事，征求意见建议。

当它以方式、方法的意思出现时，人们关注的也就是解决问题的方法；当它以征求意见的意思出现时，表现了主播对用户的一种尊重，用户的看直播体验感会大大提高。当然，对于"怎样"的运用不能仅仅局限于它的某一种意思和功能，要根据直播内容灵活运用。

当"哪一个"在直播间的标题当中出现时，就代表了一种选择，它比"怎样"一词所表示的选择性更为明确和直观。带有这一关键词的直播间标题其实在无形之中就与用户产生了互动，有了互动才能极大地调动用户的积极性，让用户更愿意参与到阅读和互动当中来。如"想让我介绍哪一款呢""喜欢哪款鞋跟主播说""这么穿,哪里显胖""办公本游戏本哪款更合适"等。

7. "你是否""你能否"

"你是否"和"你能否"同属于疑问句式,在标题中出现代表了对用户的提问,这一类标题更加注重与用户的互动。

"你是否"这一关键词的意思就是"你是不是怎样?",是对用户现状的一种展示。这样的标题出现在用户面前时,用户会下意识把标题当中的问题带入自己身上,进而开始反思。再加入对用户的提醒,让用户联系到自己身上,不论是用户自身有没有标题里所提及的问题,用户都会下意识去看看。

"你能否"这一关键词的意思就是"你能不能怎样",通常是在问用户能不能做到像直播间标题里说的那样,是对用户能力或是未来状况的一种表达或预测。这一种标题通常能给用户一种指示或灵感,让用户能够去发现标题当中所涉及的能力或者趋势。

这一种标题通常能够让用户了解到自己是否具备标题当中所说的某一种能力,或是有没有把握住标题所涉及的趋势。这样的标题之所以能吸引用户,是因为它在问用户的同时又能让用户反思自己,既能获得信息,又能让用户进入会让自己有所收获的直播间。例如,"你是否有便秘""你是否有秀发问题困扰""你是否被偷拍跟踪过""你的面膜是否适合你"等直播间标题便属于此列。

9.1.2 借势传播

借势主要是借助热度,以及时下流行的趋势来进行传播。借势型的运用具有 8 个技巧,分别是借助热点、借助流行、借助名人、借助牛人、整合热点、制定方案、情绪带动、图片吸引,下面将一一讲解。

1. 借助热点

人们总说起热点,那么什么是"热点"呢?

其实关于"热点"一词的解释很多,该词所使用的地方也很多,但这里所讲的"热点"所涉及的范围不是十分宽泛。"热点"就是指在某一时期十分受人关注的新闻、事件等,或是特别受人们欢迎的事情也叫作热点。

"热点"传播一般来源于各大网络平台,如微博、百度、抖音、快手等。

"热点"大多来自国家政策或是社会上发生的具有影响力的事件或者新闻，这些事件或新闻在民众之中传播比较快，并且人们时常讨论或是研究。"热点"之所以能被大家关注，是因为它与国家或人们的生活息息相关。

在撰写直播间标题的时候，借助"热点"事件或是新闻，能在很大程度上吸引关注这些"热点"的粉丝和观众，也能使直播间的曝光率和流量增加。

2．借助流行

"流行"一词其实是一种社会心理现象。简单来说流行就是指某一事物、想法、语言行为等从出现到被众多人接受并广泛运用，直到最后彻底结束的一个过程。流行所包括的范围很广，如流行语言、流行音乐、流行颜色、流行造型、流行服饰等。

很多直播间的标题当中也经常会借助流行元素，以此来达到让直播间点击率增长的效果，因为某一事物能成为"流行"，一定是因为有许多的人参与和模仿，这样才能成为"流行"，如果只是某一小部分人的喜好，还不能称之为"流行"。

借用"流行"的势头来撰写直播间标题，可以充分应用到"流行"这一词所具有的特点和喜欢"流行"的用户所具有的动机，以此来达到增加直播间流量的效果。

在直播间当中出现的流行元素可以是多种多样的，可以借助流行词汇、流行歌词或是当下正在流行的一部电视剧或电影。借助这些被广大用户所了解和津津乐道的元素，会让直播间的推广变得更为简单，用户在看到这种含有自己喜欢的事物的直播间标题时，便会找到或多或少的归属感。

3．借助名人

"名人"起先是指在某一领域内有较高威望的人，如军事家、文学家、政治家、艺术家等，有时候也特指在历史上有过重要贡献的人，如"名人名言"当中的名人就特指在历史上有过重要贡献或突出贡献的人所说的话。

"名人"在不断的发展过程中，所指的对象也开始发生变化，如今人们口中所说的"名人"，也指明星演员等。

"名人"相对于普通人来说有一定的权威性，人们对名人也往往十分相信。这一方法在直播间的标题命名上也一样十分实用。在直播间的标题当中借助"名人"的势头可以大大加强直播间的权威性，人们在看到这样的标题时，会觉得这种标题下面所写的内容一定是"有道理"的。

借助"名人"势头的标题一般分为两类：一类是标题之中直接用"名人"名字的，直接将某"名人"的姓名放在标题之中，能大大增强用户的观看欲望；另外一种是请"名人"作为直播嘉宾参与直播。

4．借助牛人

"牛人"一词是网络用语，多指做出了一些令人意想不到的十分厉害的事情的人。一般指对一个人的敬佩和赞叹，现在也把在某一领域做得尤其出彩的人叫作"牛人"。现在流行的一句话叫"高手在民间"，所谓"高手"也就是指这些"牛人"了。

"牛人"大都身怀绝技，所以当一个直播间的标题当中出现了"牛人"一词，用户便会产生兴趣想要看看。

从草根到"牛人"，这是众多人都向往的。当然"牛人"也有所不同，有些"牛人"通过自己的努力成为某些领域顶尖的人物。当人们再看到这样的"牛人"标题时也会想着看看这样的"牛人"身上有哪些是值得"我"去学习和借鉴的。

还有一类就是普通人，但也因为某一领域的出色表现而被人所熟知，这样的"牛人"可能是通过某节目或有人将其"绝技"拍摄下来上传到网上而被人所熟知。当用户看到这种标题的时候，通常会点击查看这个"牛人"到底哪里"牛"，是如何变"牛"的。

5．整合热点

主播在撰写直播间标题的时候，光关注"热点"是不够的，还要整合"热点"。什么是"整合热点"呢？就是将零散的"热点"收集归纳起来，并做一个合理的衔接。

直播间的标题撰写如果只是对一个"热点"的整合是不行的，还要提炼出相对于"热点"更多的东西。就如同有一个出题者给你一堆散落在各个角落的数字拼图一样，你要做的工作并不仅仅是将这些散落的小零件收集起来，也不是将它们随意拼在一起就好了，而是要将它们有序地拼好才算完成任务。

在直播间中的"整合热点相关资料"就是像"拼图"这样的一个过程，

当你看到整合出来的东西时,你会觉得是在意料之中的,但在别人没有整合出来的时候,你并不一定能想到那么多,这也是部分和整体的区别。

6. 制定方案

所谓"方案",就是对某一工作或是某一问题所制作的计划。在直播间的标题撰写当中,用方案借势是十分有效的打造品牌或者推广品牌的方式了。在大品牌当中运用方案借势效果是尤其明显的,自己制作方案为自己的品牌或商品造势。

大品牌用方案造势的例子很多,如现在所熟知的"双11购物狂欢节"就是阿里巴巴集团联合各大电商平台,包括天猫、苏宁易购进行的一次十分成功的营销方案。还有"520告白节""京东618""3.8妇女节"等活动,都是平台造势的案例,如图9-3所示。

图 9-3

7. 情绪带动

人们常说的情绪包括喜、怒、哀、惊、惧等常见的普遍情绪,还包括一些经常接触但是总是容易忽略的情绪,如自豪、羞愧、歉疚、骄傲等。

大部分人很容易被某一种情绪所带动,尤其是人们十分关注的事情或者话题,更容易调动用户的情绪。例如,"520"期间,借助"告白"的势头所进行的有关"告白"的直播间,就很容易调动用户或观众的情绪。

这也就告诉主播在撰写标题的时候,要学会借助某一热门事件或者人们十分关注的事情,从情绪上调动用户观看的积极性。学会用带有能调动用户情绪的热点话题,就能在很大程度上吸引观众的注意力和眼球。

在标题当中所体现出来的情绪,要让用户能够深刻感受到,所以借助人们都十分关注的事情,或者某一热门事件,来撰写有着情绪带动作用的标题,不论是自豪的、高兴的、悲伤的都能让用户在标题当中就能体会到。

8．图片吸引

现在的直播间早已经离不开封面的配合了,用图片的方式展示内容有一个很直观的效果,那就是用户的阅读感受会比光看文字要更加强烈和直观。

在文案的标题里面,加入如"一张图片告诉你"这样的话语,再加上对直播内容里面图片的专业性概括,不仅能让用户知道内容是以图片的方式呈现出来的,还能知道图片的内容大致是什么,也会让用户乐于点击直播间查看。最常见的是在美妆产品的直播带货中,用妆前妆后照片进行对比。

9.1.3 利用数字

数字的展示会给人更直观的感受,并且准确的数字会增加内容的说服力。数字的利用主要具有 11 种方式,本小节中将进行汇总讲解。

在直播间标题的撰写当中,采用数字型标题会更加吸引用户的眼球,因为数字是一种很简单的文字,它既没有复杂的声调,读起来也不拗口。

就数字本身而言,它的读音和书写都是十分简单的,普及面广,甚至达到全球通用。这也就表明,如果一个直播间的标题当中出现了一个数字,也会第一时间引起用户的关注。

如今的时代是一个"数字"型时代,任何事情都和数字挂钩,人们的日常生活也都离不开数字,所以将数字加入直播间标题中,是一个很好的吸引用户的方法。用户在观看直播间的时候,一般希望能够不费太多心力就能简单清楚地看懂直播间到底说的是什么,这个时候将数字放入标题当中,就能很好地解决用户的这一想法。

1．利用人数

主播在撰写直播间标题的时候,加入表示"人"的数量词,就可以很好地吸引用户的目光,引起用户的重视和注意,可以让用户准确地知道和了解这一直播间里面到底说的是什么,有多少人,往往越是简单、清楚、拿数据说话的标题越能引起用户的注意。

2．利用钱数

在生活中,有很多东西是随时随地都能引起人们的关注的,不管大小或是多少都能被人们注意到,甚至津津乐道,就如"钱"这一字眼。

"钱"在人们的日常生活里扮演着十分重要的角色,是人们生活工作都离不开的重要组成部分。俗话说"无钱寸步难行",虽然这句话从一定层面来看有点偏激,但不得不承认"钱"在生活中所扮演的角色是多么的重要和不可缺少。有关于"钱"的信息一般很容易被人发觉到,这一敏感的字眼不管出现在哪里都能吸引人们的视线,受到人们的关注。

带有"钱"数额的数字型标题在直播间的标题撰写当中是十分常见的。一般来说,能让人通过标题对直播间产生好奇心的含有"钱"数额的标题有两种不同的情况,具体如下。

- ✤ "钱"的数额对于普通人来说尤其巨大。
- ✤ "钱"的数额对于普通人来说很小。

像这样的数额巨大和数额极小的两种极端的存在,在引起用户震惊的同时也就勾起了用户的好奇心。用户在看到这种标题的时候会想要去查看关于标题中所出现的"钱"的具体情况。

其实,表示"钱"数额的直播间的标题还有一种呈现情况,那就是大数额与小数额同时出现在标题里面作对比。这种直播间的标题相比于那种只有一个金额的标题具有更强烈的对比,从而更能给用户带来一种视觉和心理上的冲击。

3．其他数量

直播间标题当中的数量,除了表示人或者钱以外,其他东西的表达也离不开数量的运用,如"几百吨水""几本书""两三瓶颜料""一碗饭"等这样很多的"物"也需要用数量来表达,如图9-4所示。

人们的日常生活离不开数量的应用,就算最原始的"结绳记事"也是对数量的运用,所以除了很多特定的需要量化的事物,如时间、金钱等以外,很多"物"也是需要用到数量的。

在直播间标题上,思考的范围和题材都是非常广泛的,不仅只是表示"人""年""天"等这些比较特别的单位名词的时候,才会用到数量。这也就要求在撰写直播间标题时,要合理地使用"物"的数量表示方法来吸引用户的注意。因为日常生活中所能够涉及的"物"是很多的,所以这一类的直播间标题在材料上是无须太过担心的。

图 9-4

例如,利用日常生活当中常见的物品,又或是用户想要了解却又不了解的东西。契合用户常关注的目标事物——人们往往关注的也就是生活中常见,或是自己还不知道的东西。

将这些用户感兴趣,或者主播有意让用户感兴趣的"物",用醒目的数字表现出来,避免了用户自己还要去找寻或是归纳这样一个复杂的过程,能让用户更愿意去点击进入直播间。

4. 利用年数

"年"相对于其他表示时间的单位来说算得上是比较长的了,人们每一天都在跟时间打交道,自然也就离不开对时间的数量化了。

"年"对于人来说就是一个经常提到的时间单位。"年"所表示的时间,在部分人心里是很长的,但在一部分人心里有时也是很短的,其实"年"的时间长短是没有太大变化的,这也就表明了不同的用户在看待同一计量的"年"这一时间单位时,感受也是不一样的。

其实在直播间标题当中出现的"年",从直观上有表示时间长短的意思,但这个"年"在标题里面出现,有时候又不仅只是表示时间的长短,还能表示超出时间之外的含义。

"年"在直播间标题当中的计量除了能表示时间长短以外,还能表现出一个品牌或者是一个人的坚持或优质。所以,在直播间当中出现的表示"年"的计量的数字,也有很多方面的意思。

5．利用月数

"月"在表示时间的时候就是一个计时单位了。一年分为12个月,是人们对于"年"这个稍微有点长的时间单位的细分。如果说"年"所表示的时间长,那么"月"所表示的时间就相对于"年"来说要短很多了,所以在直播间的标题当中出现含有"月"的计量也就表示所说的东西所经历的时间是比较短的。

像这一类的标题一般所涉及的内容大多是人们想要快速解决的"难题",所以用"月"来计量的话,会让用户看上去觉得这一"难题"能够在短期内解决。这样一来,用户就会去点击直播间查看这一"难题"的解决办法了。

在直播间的标题之中有"月"的计量的时候,通常所表示的就是短时间里面能看到比较大的效果,只有这样有对比性的标题才能更大程度地吸引用户的注意力,激起用户观看直播间内容的兴趣。

6．利用天数

"天"在表示时间的时候,指的是一昼夜,随着人们思想观念发生的变化,"天"又主要表示白天,如"昨天""今天""明天""后天"等。

"天"是"月"的细分,所以"天"相对于"月"来说,所代表的时间就更短。在"时间就是金钱"的现代化社会中,人们也更喜欢在更短的时间以内完成某一件事情。

"天"所代表的时间比"月"短,也是日常生活当中人们用得比较多的时间计量单位。如果一个直播间的标题里面出现了"××天"这样的字眼的话,除了"天"前面的数字能清晰地引起用户的关注以外,"天"这一时间单位对用户视觉所带来的感受也不容忽视。图9-5所示为利用天数做标题的直播间。

图9-5

7．利用小时

"小时"作为时间计量单位的时候，它将"天"这一时间计量单位划分为 24 个小时，是人们对于时间的又一细分。

"小时"这一时间计量单位相对于"天"来说显得更快，当"小时"出现在某一标题当中的时候，一方面会让人觉得时间颇为长久。如"72 小时锁水！月里嫦娥"这一标题当中所出现的"72 小时"所表示的时间就给人的感觉很长，这是因为在护肤精华的保湿时间上，72 个小时其实是很长的。还有另外一方面就是"小时"所表示的时间很短，如"两小时鲜制当季采摘"这一直播间标题所出现的"两小时"所表示的时间其实就是很短的了。同样是"小时"，但所表达的意思是不一样的。

在直播间的标题撰写中，涉及表示"小时"计量的时候，常常用到的方式有两种，一种是单个表示时间的，就是标题里面出现了标题所讲的某一件事情，而没有对比。另外一种就是将两种事物通过一种对比换算的"时间"联系在一起，将两种本来关联性不是很大的事物联系在一起作对比，有了对比性，也就更能给用户带去一种直观的感受。

8．利用分钟

"分钟"是一种相对来说比较小的时间计量单位，它是对"小时"的细分，将"1 小时"细分为"60 分钟"。在时间的长短上面来说，同样单位的"分钟"相对于同一单位的"小时"来说，在时间长度上要短很多。

在直播间的标题撰写中，也会经常涉及"分钟"的计量。因为"分钟"所表示的时间往往比较短，但又不至于太过短暂。这种带有"分钟"的标题，会带给用户一种"无须耗费太多时间，就能清楚地了解直播间内容"的感觉。例如，标题为"几分钟看完各种美国大片"的直播，就能快速、高效地传达直播内容，吸引用户去查看直播。

9．精确到秒

"秒"作为时间单位的时候，是国际通用的时间计量单位，"秒"是"分"的细分，"1 分钟"等于"60 秒"。在直播间的标题里面，如果出现了表示"秒"的计量，则表示标题所出现的事物的完成速度会很快，因为"秒"本身所代表的单位时间长度就很短，所以在讲究快节奏、高效率的现代社会，这样的标题对于用户，尤其是赶时间的用户，是一个很好的点击选择。

10．成倍表达

"倍"在表示程度的时候代表的是"倍数"的意思。在直播间的文案标题撰写当中出现的"倍"往往都有一个对比的对象，相比某一事物，有所增长或是下降。

"倍"的出现相对于几组单纯的数据来说，能说明的问题更加直接，如"某学校今年招生人数是去年的 3 倍"，在这句话里，就可以很直观地看出增长的程度。用户往往更喜欢看直接的东西，有数据就将数据展现出来，增长多少就用倍数表示，尽量减少用户去搜集资料或计算的过程，这也能够在一定程度上提升用户的观看体验。

"倍"所呈现出来的东西更加直观，直接告诉用户增长的幅度大小，像这样的标题也能让对比效果更加显著，更利于用户观看。其实像这样的含有"倍"的直播间标题在生活中并不少见。凡是涉及有对比的数据升降大都会采用"倍"来表示其增长幅度大小，不管刚开始的基数是多少，每一倍的增加都是"滚雪球"一般增加的，所以数据甚至不需要去看就能知道一定是可观的。

一般这一类标题也是用数字引起用户的注意，再用"倍"这个表示程度的词来增强用户的震惊程度，用户只要开始对这一数据觉得震惊或是不可思议时，就已经是对这一标题感兴趣了，自然也就会点击观看直播间的内容，如图 9-6 所示。

图 9-6

11．用百分比

% 也就是百分号，指的是将某一整体划分为 100 份，再看看这些被划分了的小部分在这整体的 100 份之中所占的比例的大小。现实生活中常用到的占比情况，在大部分情况下都是用 % 来表示的。

％所表示的是一个比率，能很直观地表现出所涉及的事物大致有多少。因此，在直播间的标题撰写当中，如果出现了 % 这一表示占比的符号，会让用户很容易注意到这一标题。

对于直播间的主播来说，将这一符号放入标题之中是有益的，因为众多的有关数据的事情是很难得到一个十分准确的数据的，所以在不知道确切数据的情况之下，用百分比来表达会更稳妥，也不容易出错。例如，标题为"无水配方 89% 芦荟汁"的直播间，就是利用百分比命名的。

人本身对数字类的东西就较为敏感，再加上百分号所表示的是一个比例或概率的计算和表现，能让用户看到大致的情况的同时，也是一件事情程度大小的表现；另一方面，也让用户想看看这百分率里面所涉及的东西，自己有没有与之相关。

很多这种直播间中含有 % 程度的标题，凡涉及一定比例的"人"的话，大部分用户都会自动把自己代入标题所说的事情里去，然后将直播间内容与自身进行对比，看看自己是否存在标题里说的那种情况，进而找到解决办法。

9.1.4 通过提问

提问也是直播间表达的形式之一，通过提问可以充分调动用户的好奇心。对于提问型直播间我们需要把握 9 大要点，下面将对此进行简要汇总。

1．疑问句式

疑问句是询问某一问题的句式，答案常见的、最简单的是"是"或者"不是"，但也有很多其他回答。疑问句所包含的种类有很多，在日常生活中用得也十分普遍。

在直播间的标题撰写上，采用疑问句式的标题效果也是很好的，其主要表现在两个方面。一方面，疑问句中所涉及的话题大都和用户联系得比较密切，促使标题和用户的关系更为亲切；另一方面，疑问句本身就能够引起用户的注意。用疑问句式的标题勾起用户的好奇心，从而引导用户点击直播间。

其实采用疑问句式的标题有一些比较固定的句式，如"你知道……吗？""你是否……呢？""你有……的经历吗？"等，如图 9-7 所示。

图 9-7

疑问句式标题通常都是列出一种现象或者某一事件,让用户来反观自身,是否与文案标题所说的情况或者问题一样,在用户产生了疑问或者有了好奇心之后,就会到直播间当中寻找答案或者消除疑虑,在直播间的标题中采用疑问式的标题,无形之中就让用户参与到了问题之中。

从用户的心理层面来说,看到这种疑问式的标题,一部分用户会抱着查看自身问题的心态点击这一类疑问式标题的直播间,还有一部分用户会抱着学习或者好奇的心态点击,不管是哪一部分的用户,在看到这样的提问式标题时,都会对内容产生兴趣。

在直播间的标题当中,用疑问句式做标题的还有很多,但归根结底都是用疑问的方式引起用户的注意,而直播间标题所涉及的事物,也是人们日常生活中经常遇到,但同时又容易忽略的。因此,主播在撰写直播间标题的时候,要记住围绕人们生活中经常遇到的事物或是新奇的事物来写,会更能引起用户的注意,这样一来,直播间的点击率自然也就上去了。

2.方式提问

"如何"的意思就是采用怎样的方式和方法。当"如何"一词放在直播间的标题中时,有帮助用户解答某一疑惑或者解决某一问题的效果。这一类"如何"体的直播间标题所涉及的内容,大都是人们生活中遇到的困难,或者是能够方便人们生活的小技巧。

直播间标题所涉及的,也都是解决问题或者解决困扰的方式和方法。而且针对的用户范围很广,不会像很多其他的直播间一样,有十分精确的用户群。

这样的直播间标题所提及的问题都是很多人可能会遇到的问题，相对来说用户的范围也就比较宽广了。

在直播间标题之中采用"如何"体这种方式来命名有一定优势。一般人在看到解决某一事情的方法和技巧的时候，不管自己存不存在这样的问题，或是会不会遇到这样的问题，大多会在看到这样的标题的时候，想要观看与学习解决某一问题的办法。也有部分用户来观看直播间内容是因为对直播间标题所提及的问题感兴趣。

3．反问标题

"反问句"是集问题和答案于一身的特殊句式，一个反问句的提出并不是为了得到某一个答案，而是在于加强语气。反问句相对于其他句式的句子来说，语气更为强烈。将这样的句式运用到直播间的标题当中去，也能起到加强标题语气的效果。

如"你难道不应该去试一下这个产品吗？"言外之意就是你应该去尝试和购买该产品。又或者，"你怎么能这样做呢？"这一反问句的意思其实就是"你不能这样做"。其实也可以看出，反问句在日常生活中经常会被用到。反问句常用的句式也比较多，如"怎能……""为什么不……"等。

反问句常用的句式大都是否定疑问句，也就是疑问词加否定词，既然是否定疑问，那就是肯定了。所以这样的句式放在直播间标题当中的时候，也能代表主播的一种观点和态度。

从语气上来说，反问句式的直播间标题有强调的作用和效果。正因为有了强调的作用，所以这样的直播间标题也能在第一时间给用户带去一种提醒或者警示的作用，当用户关注到这一问题的时候，就会点击直播间观看详细内容。

在直播间的标题当中采用反问句式能大大加强标题的语气和气势，从用户的角度来说，这样的强调语气更能引起用户的注意和兴趣。因此，在直播间标题里面采用反问句式，也能大大提升直播间的关注度。

4．文题相符

所谓文题相符，就是指直播间标题中所提的问题和直播间内容要相符合。主播在撰写直播间标题的时候，要保持标题和直播内容是有关联的，而不能一味地做"标题党"。

"标题党"就是为了夸大标题的影响力，而一味地在标题上面下功夫，有一部分"标题党"为了在标题上吸引用户，存在夸张和虚构的情况，当用户点击进入直播间之后，才发现自己被标题给"骗"了。

直播间的标题十分讲究技巧，如果提问型标题和直播内容没有多大联系的话，即使用户被标题吸引点击进入了直播间，用户也会在后续观看直播内容的时候，发现"问题"，这样一来，不仅会降低用户的阅读体验，更严重的还会使现有的用户不再关注这一品牌或者产品。

5．思考角度

主播在撰写直播间标题的时候，其实是在描述一个事件或者一种观点。一个事件或者一种观点可以是多方面的，从不同的角度看问题就会有不一样的效果，"横看成岭侧成峰，远近高低各不同"说的也就是这样一个道理。

当主播面对同一个事件时，除了要做到正确的价值观引导和正确说明该事件或观点以外，最好能选择一个新奇的角度，用与常人不一样的想法来看待这一事件或者观点，也会让自己的直播间惊艳用户。这就要求主播在撰写提问式的直播间标题时，要选好角度，出其不意。

当然，这里所说的角度并不是指这一标题是站在主播还是用户的角度上来说的，而是只针对这一事件或者观点的某一角度出发。例如，对于"某人在游乐场夹娃娃每一次都夹到"这一事件，主播可以从"夹娃娃机的机器设计"角度来说这一事情，也可以从"夹娃娃的攻略"等角度来讲。同一个事情不同的人看到的角度是不一样的，而作为直播间的主播看的角度要比普通人多才行。

对于提问型直播间标题来说，更应该找好问题的角度，从不同的角度去看待问题和提出问题，会给用户一种新奇感。提问型标题更多的是向用户提问，有了提问这一形式，就能让用户也参与到这一直播间标题当中来。

直播间标题的提问可以分为两个部分：一种是主播自己向自己提问，其实多是阐明主播自己的观点；还有一种就是向用户提问。

其实不管是向谁提问，每个部分都可以找到不同的角度，从不同的角度进行提问，才能成功地吸引用户的关注。

6．注意提炼

"提炼"在文学上来说是一个"取其精华"的过程，将重要的、突出的、精华的部分单独拿出来。在直播间的标题上来说，"提炼"就是将直播间内容的重点提取出来，过程就相当于归纳直播间的中心思想。

在直播间的提问式标题撰写上，要注意提炼是十分必要的。提问式标题就相当于主播在向用户提出问题，这个问题不管是想让用户来回答，或者只是想让用户在直播间内容里面寻找答案，主播所提的问题，都是需要提炼重点的。

7．适当创新

直播行业发展之快，超出人们的想象，这也给直播间主播提出了更新、更高的要求。直播间的标题要注意创新和突破。

提问式的直播间标题的句型看上去好像已经被固定了，除了一些比较常用的固定搭配，如"为什么……""难道……""怎样……""如何……"等以外，还有一些其他的固定句型。提问句式的句型很多，但很多时候往往无法在句型上面做出过多的创新。所以，那就可以在提问的技巧和方式上面寻找创新和突破了。

创新型的提问式直播间标题会让用户有耳目一新的感觉，不同于一般的提问句，注重提问技巧的直播间标题，会让用户更愿意点击直播间查看内容。直播间标题创新的方式也有很多，不仅只局限于几种。

8．巧用设问

直播间只有被用户点击，有用户的参与互动，才是成功的。这也就要求直播间主播在撰写直播间标题的时候，要注意拉近与用户之间的距离，让用户愿意参与到直播间当中去，这样也就体现出它的存在价值了。

那么，直播间主播在标题设置上如何拉近与用户之间的距离呢？具体来说，主要办法如下。

- ♣ 所写内容多涉及用户身边所发生的事情。
- ♣ 所写内容多是人们所关注和感兴趣的事情。
- ♣ 所写内容中提及的问题多是站在用户的角度去考虑的。

可见，在提问式的直播间标题里面要想拉近与用户的距离，除了引入用户关注的事情或者是用户身边发生的事情以外，还要站在用户的角度去提问。

站在用户的角度进行提问，所提及的问题就要符合用户的立场，不能让用户觉得这件事情与用户本身的生活工作没有多大关系，这样就会让用户失去观看直播间的兴趣。所以"从用户角度"设问也要涉及用户关注的事情。

9．明知故问

"反问式"直播间标题，其实也就是明知故问的一种提问式标题。"反问"

之所以会比陈述句更具有强调性，是因为反问是在句式上通过问句的形式，达到让用户反省，或者发现直播间标题所涉及的一些问题的。

"反问式"标题既然是想让用户反省，或者是发觉某些问题，那么主播的提问方式就要尽量简洁明了，反问语气要干脆，不拖泥带水，能一下就点到重点，才能让用户信服。在直播间标题撰写当中，对字数是有限制的，所以在撰写反问式直播间标题的时候，自然要注意简洁明了的重要性。

"反问式"直播间标题提问语气干脆的好处，就是能够让用户在看到标题时，就明确地知道主播要问的重点，也能让用户在看到这一直播间标题时，被主播那种"掷地有声"的气势折服，从而引起用户的关注。

9.1.5 修辞表达

所谓语言型，即利用修辞表达提升标题的语言表现力，在直播间的标题上也可以运用。具体来说，提升语言的表现力主要有 7 种方法，具体请看以下分析。

1．进行比喻

比喻，是一种修辞手法。何为比喻？其实就是用与 A 有相似之处或者共同点的 B 来形容 A，从而达到让人们认识或感受 A 的目的。

比喻的种类看似很多，但在日常生活中经常用到的却不是很多，最常用的三种比喻类型：明喻、暗喻、借喻。

（1）明喻又叫直喻，指很直接就能看出是比喻句，如，"像……""如……""仿佛……"等，这一类比喻十分简单，也是最常见的。

（2）暗喻又叫隐喻，指在一个比喻句中，出现的比喻词不是平时常见的，而是"是……""成了……"等，如"这一刻，我在草原上奔跑，于是，我也成了那头敏捷的小鹿"，这里面的"成了"就是喻词，把"我"比作"小鹿"。

（3）借喻，相对其他种类的比喻句来说，借喻是比较高级的比喻形式，它的句子成分看不出明显的本体、喻体和喻词，而是通过本体和喻体及其亲密的联系来达到比喻的效果的，如"那星光，也碎做泡沫，在海中散开"。

在直播间内出现的"比喻式"标题所用到的比喻技巧，也无须像文学里面的那样精致巧妙，重在让用户看懂、感兴趣即可。

2．事物拟人

拟人，是将"非人"的事物人格化，使它们具有人的特点，如具有人的感情、动作、思想等。拟人在文学上是一种修辞手法，将本不是人的事物变成像人一样。

就文学层面来说，运用拟人的写作手法，可以让描写的事物更加生动直观和具体，也更能让用户觉得亲切。基于此，把拟人这一修辞方法运用在直播间的标题撰写上不失为一种好的创作方法。

3．标题对偶

"对偶"也被称为对仗，指的是句子字数相等，意义相似，对仗工整的一句话或者是几句话，最常见的对偶是两句话。这样的句子通常前后联系十分紧密，不可分割。对偶在文学上经常被用到，对偶的恰当运用能够让句子结构更加富有层次，更有韵味，也更能吸引人的注意。对偶之所以在很多地方被运用，是因为采用对偶的形式还会让句子变得更加凝练精巧，让人读起来朗朗上口。

对偶式标题前后句相互映衬，相互作用，不可分割。直播间的标题采用对偶的方式，也会让标题具有节奏感强、易于记忆等特点，同时也能让标题更容易传播和推广，从而达到扩大标题的影响力的目的。

运用在直播间标题当中的对偶形式，一般只有两句话。如果句子太多太长，一方面会受到标题字数的限制，另一方面也会给用户带去不好的阅读体验，容易视觉疲劳。所以，主播在撰写"对偶式"直播间标题的时候，最好就只有两句，字数也要尽量精简，这样才能让用户有一个比较好的视觉感受和观看体验。

4．利用幽默

幽默，简单来说就是让人开怀大笑的意思。但"幽默"一词与单纯的搞笑又有很大的不同，幽默当中的搞笑，让用户在发笑的同时，又能让用户感受到主播想要表达的字面以外的意思。

幽默式标题通常以出其不意的想象和智慧让用户忍俊不禁，在使直播间标题吸引人的同时，还能让人印象深刻且发人深省，从而激发用户观看直播间的兴趣。在直播间的标题当中，用到幽默式标题，不仅能够让用户会心一笑，还能让用户在笑过之后理解主播话里更深层的意思，达到主播预期的目的。

5．合理用典

在直播中运用历史故事，尤其是历史典故，能够让直播间变得更加出彩。如果所采用的历史人物或者故事也大都是家喻户晓或者知名度比较高的，那么推广起来就不会有难度。尤其是在视频广告之中，历史人物或者故事的运用更是不胜枚举。

在直播间的标题撰写当中，恰当地运用历史，使主播所讲的言论都有历史依据，这样一来，就更增强了主播的可信度。

在直播间的标题当中，恰当地应用典故，能让标题达到十分具有说服力和引人注目的效果，因为很多人都爱听故事。虽然直播间的标题里面的典故都是人们已经很熟悉的了，但因为有所创新，所以可以再次吸引用户的目光。另外，要想把典故与直播间产品更好地结合起来，首先还是应该学会怎样选择典故。

主播在撰写标题的时候，恰当引用合适的典故，能够使标题更富有历史趣味性，用户在咀嚼历史的时候，又能从中得出更多的内涵。需要注意的是，在直播间标题当中出现的历史典故应当是大部分人都耳熟能详的，这样才能起到大面积推广和传播的效果。

6．灵活运用

"灵活运用"并不是直接引用别人的话语、对别人的东西照抄照搬，或者是强行引用名家诗句或典故。将根本没有关联的两个事物，硬凑到一起反而会惹来不少笑话。主播在撰写引用诗词典故的标题时，应当注意正确引用。不论引用的是诗词，还是典故，都要切记要与直播所讲的内容有联系。

7．多种引用

在引用诗词、典故的直播间当中，引用方法并不是单一的。主播在撰写引用诗词、典故的直播间标题的时候，要学会用多种方式来引用，从而使自己的标题形式更加多样化，也能让直播间的推广达到更好的效果。

主播可以直接引用诗词、典故，也可以加工后再引用，或者不改其意而诠释标题，就是指不改变直播间标题里所引用到的诗词、典故的意思，而让它对直播内容起到一个诠释的作用。

9.2 规避封面设计错误

在制作直播封面的过程中，有一些需要特别注意的事项，这一节笔者从中选取 6 个方面的内容，为大家进行重点说明。

9.2.1 原创封面

这是一个越来越注重原创的时代，无论是直播标题，还是直播的封面，都应该尽可能地体现原创。这主要是因为，人们每天接收的信息非常多，而对于重复出现的内容，大多数人都不会太感兴趣。

其实，要做到使用原创直播封面很简单，因为绝大多数主播拍摄或上传的封面都是自己制作的，主播只需选择一个与直播内容相关的图片作为直播封面，基本上就能保证直播封面的原创性。

当然，为了更好地显示直播封面的原创性，主播还可以对直播封面进行一些处理。或者也可以拍摄一些需要在直播间售卖的商品的图片，如图9-8所示。

图 9-8

9.2.2 标签符号

超级符号就是一些在生活中比较常见的、一看就能明白的符号。如红绿灯就属于一种超级符号，大家都知道"红灯停，绿灯行"。或者一些知名品牌的Logo，我们只要一看就知道它代表的是哪个品牌。

相对于纯文字的说明，带有超级符号的标签，在表现力上更强，也更能让用户快速把握重点信息。因此，在制作直播封面时，主播尽可以使用超级符号来吸引直播用户的关注。

9.2.3 画面构图

同样的主体，以不同的构图方式拍摄出来，其呈现的效果也可能会存在较大的差异。而对于主播来说，一个具有美感的直播封面无疑是更能吸引直播用户目光的。因此，在制作直播封面时，应选择合适的构图方式来呈现主体，让直播封面的画面更具美感。

图 9-9 所示为不同构图风格的两个直播封面。左侧的直播封面呈现的事物太多，让人看得眼花缭乱，难以把握具体的主体，而且整个封面看上去毫无美感。所以，这个直播封面在构图上可以说是失败的。而右侧的直播封面则是用特写的方式来展示包这个主体。直播用户只要一看直播封面就能快速把握主体，而且整个画面也比较美观。因此，相比之下，这个直播封面在构图上要比左侧的直播封面好得多。

图 9-9

除了画面中事物的数量之外，在构图时还需要选择合适的角度。如果角度选择不好，画面看起来也可能就会有一些怪异。

9.2.4 尺寸大小

在制作直播封面时，一定要注意图片的大小。如果图片太小，那么呈现出来的内容可能会不太清晰，这样便不能够很好地吸引观众。遇到图片不够清晰的情况，主播最好重新制作图片，甚至是重新拍摄直播。因为清晰度将会直接影响到直播用户查看图片和直播内容的感受。

一般来说，各大直播平台对于直播封面图片的大小都有一定的要求。例如，抖音直播封面图片大小的要求为 540×940。在制作直播封面时，主播只需根据平台的要求选择图片即可。

9.2.5 默认版面

通常来说，各大直播平台都是默认以竖版的形式呈现直播封面的。图 9-10 所示为部分直播平台的相关界面，可以看到这些平台中的直播封面都是以竖版的形式进行呈现的。

图 9-10

在这种情况下，主播在设置直播封面时，需要充分考虑到平台对直播封面版面的呈现方式。

9.2.6 色彩鲜艳

人是一种视觉动物，越是鲜艳的色彩，通常就越容易吸引人的目光。因此，主播在制作直播封面时应尽可能地让物体的颜色更好地呈现出来，使整个直播封面的视觉效果更强一些。

图 9-11 所示为两个直播封面。虽然都是关于螺蛳粉的直播封面，但是右

侧的直播封面对观众的吸引力会更强一些。这主要是因为左侧的画面在拍摄时光线有些不足。所以，画面中虽然色彩丰富，但是不够鲜艳。而右侧的直播封面，画面光线很足，看上去更为美观，视觉效果更好。

图 9-11

9.3 本章小结

本章主要为读者介绍直播的标题以及封面设计。直播间在进行标题命名时，一定要掌握一定的规律，如使用热词、借势传播、利用数字、通过提问、修辞表达等。此外，主播在设计封面时，一定要规避一些错误，确保自己的封面能够吸引更多的观众，从而增加直播间的人气。

9.4 本章习题

1. 主播可以利用哪些数字来为标题命名？
2. 标题命名可以采用哪些修辞表达？

Chapter 10

第10章
直播带货技巧

大多数主播做带货直播的主要目的，就是通过带货来获得收益。那么，主播要如何提高目标用户的购买欲，增加直播间的销量和销售额呢？本章笔者就来为大家介绍直播带货的实用方法。

10.1 直播带货 5 步法

可能很多人还是不知道如何更好地进行直播带货，接下来笔者就来介绍直播带货的 5 个步骤，帮助新人主播更好地提高直播带货的成交率。

10.1.1 取得用户信任

各直播平台的直播很多，为什么用户会选择在你的直播间购买产品呢？那是因为用户信任你。所以在直播带货的沟通中，我们重点需要建立与用户之间的信任关系。具体来说，主播可以从以下几点获得更多用户的信任。

1．维持老客户的复购率

经营服务好老客户，给予优惠福利，调动这部分用户的购买积极性，借助老客户来挖掘更多潜在的客户。

2．提供详细全面的产品信息

如果在直播中你对产品的信息介绍得不够详细、全面，用户可能会因为对产品了解不够而放弃下单。所以在直播带货的过程中，主播要从用户的角度对产品进行全面、详细的介绍，必要时可以利用认知对比原理，将自身产品与其他店家的产品进行比较。

例如，在箱包销售直播中，可以将正品与市场上的水货进行比较，向用户展示自身产品的优势，让用户在对比中提高对产品的认知。

3．提供可靠的交易环境

在直播交易中，商家提供的交易方式也会影响用户的信任度，一个安全可靠的交易平台会让用户在购买时更放心。所以运营者和主播需要向用户确保你们的交易是安全可靠的，不会出现欺诈、信息泄露等情况。

4．进行有效的交流沟通

在直播时主播应该认真倾听用户的提问，并进行有效的交流和解答。如果在沟通过程中，用户的提问被主播忽视了，用户就会产生不被尊重的感觉。所以主播在进行直播带货时，需要给予用户适当的回应。对此，主播可以专门任用小助手，负责直播答疑。可以任用多名小助手来进行分工合作，这样更有利于直播间的有序管理。

5．建立完善的售后服务

完善的售后服务可以为商家建立更好的口碑，同时也是影响用户信任度的因素。用户购买完产品后，可能会遭遇一些问题，作为商家代表的运营者和主播应该及时处理，避免影响用户的购物体验和信任度。

10.1.2 塑造产品价值

决定用户购买产品的因素，除了信任还有产品的价值。在马克思的理论中，产品具有使用价值和属性价值，如图 10-1 所示。

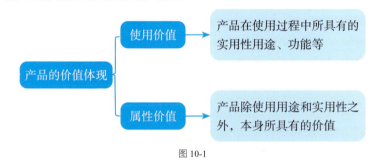

图 10-1

产品的价值塑造可分为两个阶段：一为基础价值，即产品的选材、外形、功能、配件、构造和工艺等；二为价值塑造，即展示产品的独特性、稀缺性、优势性和利益性。在直播中我们主要进行的是产品价值的塑造，具体内容如下。

1．产品的独特性

产品的独特性可以从产品的设计出发，产品的设计包括产品的取材。例如，某化妆品中包含 Pitera™（一种半乳糖酵母样菌发酵产物滤液），并且声明这样的透明液体可以明显地改善肌肤表皮层代谢的过程，让女性肌肤一直晶莹剔透，这就是产品独特性的塑造。

产品独特性的塑造可以让产品区别于其他同类产品，凸显出该产品的与众不同。当然在直播带货中，产品独特性的塑造必须要紧抓用户的购买需求。例如，某化妆品的功效是改善女性肌肤表皮，主播在直播时就可以紧紧围绕女性想要改善肌肤的需求进行独特性的塑造。

2．产品的稀缺性

产品的稀缺性体现在市场上供应量小，或者供不应求。对于这样的产品，运营者和主播可以重点做好数据的收集，让用户明白能买到该产品的机会不多。这样一来，用户为了获得产品，就会更愿意在直播间下单购买该产品。

3．产品的优势性

产品的优势性可以是产品的先进技术优势，这主要体现在研发创新的基础上。例如，手机或其他电子产品的直播，可以借助产品的技术创新进行价值塑造，这甚至可以是刷新用户认知的产品特点，给用户制造惊喜，并超出用户的期望值。

除此之外，运营者和主播还可以从产品的造型优势上出发。例如，箱包的直播中，小型包强调轻巧便捷；中等型号的包适合放置手机以及钱包、口红，并具有外形独特、百搭，适合拍照等特点；较大型的包可以强调容量大，可放置化妆品、雨伞，并且适合短期旅行。这些都是从不同产品的特点出发，表达不同的优势。

4．产品的利益性

产品的利益性是指产品与用户之间的利益关系，产品的利益价值塑造需站在用户的角度进行分析。例如，在进行家电直播时，主播可以强调产品能给用户生活带来的便捷之处。无论是哪方面的价值塑造，都是基于产品本身的价值，使得用户获得更好、更舒适的生活体验，这就是产品价值塑造的基础。

以上塑造价值的方法都是基于产品本身的特点所营造的。除此之外，主播还可以通过赋予产品的额外价值来实现产品价值的塑造，赋予产品额外价值的方法有两种，如图 10-2 所示。

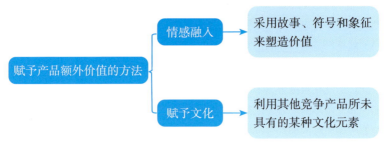

图 10-2

10.1.3 了解用户需求

在直播带货中,用户的需求是购买产品的重要因素。需求分为两大类,一类是直接需求,也就是所谓的用户痛点,如用户在购买时表达的想法、需要什么样的产品类型,这就是直接需求。另一类则是间接需求,这类需求分为两种。一种是潜在需求,主播在带货的过程中可以引导用户的潜在需求,激发用户的购买欲望,潜在需求可能是用户没有明确表明的,或者是语言上不能表明清晰的;另一种是外力引起的需求,由于环境、突发状况等其他外力因素促使用户产生的需求。

在进行带货的过程中,运营者和主播不能只停留于用户的直接需求,而应该挖掘用户的间接需求。如何了解用户的间接需求呢?笔者认为可以从以下角度出发。

1.客观思考分析用户的表达

当用户通过评论在直播间提问时,主播需要客观分析用户的言语,去思考用户真正所需要的产品。可能用户本身也不清楚自己所需要的产品,此时主播就可以通过直播进行引导。

2.选择与用户相符合的产品

每件产品都有针对的用户群体,你推荐的产品与用户相匹配,就能引起用户的共鸣,满足用户的需求。例如,高端品牌的抖音直播,符合高消费人群的喜好,这类用户在购物时可能更注重产品的设计感和时尚感,在消费价格上则不太重视。

10.1.4 根据需求推荐

了解了用户的需求之后,便可以根据用户的需求推荐产品。当直播弹幕中表达需求的用户比较少时,主播甚至可以进一步询问用户对产品的具体要求,如用户是否对材质、颜色和价格等有要求。

确定了用户的具体需求之后,主播还可以通过直播向用户展示产品的使用效果,并对产品的细节设计进行说明,让用户更好地看到产品的优势,从而提高用户的购买欲望。

10.1.5 促使用户下单

根据需求推荐产品之后,主播可以通过限时限量来营造紧迫感,让用户产生抢购心理,从而促使用户下单。

1. 通过限时营造紧迫感

主播可以制造时间上的紧迫感,如进行产品的限时抢购、限时促销等。通常来说,这类产品的价格相对比较实惠,所以往往也能获得较高的销量。除此之外,主播还可以通过直播标题制造时间上的紧迫感。

2. 通过限量营造紧迫感

主播可以限量为用户提供优惠,限量的产品通常也是限时抢购的产品,但是也有可能是限量款,还有可能是清仓断码款。因为这类产品的库存比较有限,所以对产品有需求的用户,会快速下定购买产品的决心。

10.2 做好直播选品

带货直播,选品无疑是一个关键。毕竟只有你提供的产品是用户想要购买的,用户才会更愿意下单。那么,主播要如何做好直播选品呢?本节笔者就来讲解直播选品的具体方法。

10.2.1 根据定位选择

因为在一些直播平台,大多数主播都会根据自身的定位发布相关的视频,所以这些主播获得的粉丝也都是对定位内容比较感兴趣的。

再加上粉丝查看短视频之后,会觉得主播对账号定位方面的内容更加专业,也更值得信任。因此,如果主播能够根据定位选择产品,那么部分粉丝会更愿意进行下单购买。

相反,如果主播选择与定位毫无关系的产品进行销售,那么粉丝会觉得你对产品的了解不够专业,部分粉丝可能还会认为你提供的产品质量难以得到保障。在这种情况下,产品的销量自然就不会高了。

10.2.2 查看产品销量

根据定位确定了选品的大致范围之后，主播可以进一步确定要销售产品的类别，然后查看这些类别的产品销量情况，并从中选择销量比较高的产品。因为销量比较高的产品，用户的需求量通常也比较大，运营者和主播选择销售这些产品，可能更容易获得较高的销量。

那么，具体要如何查看产品的销量呢？以"蝉妈妈"抖音版为例，主播可以进入"商品"页面，按照总销量排序，查看各类产品销量的排行情况，如图 10-3 所示。

图 10-3

10.2.3 亲自体验产品

查看产品的销量之后，主播可以从销量较高的产品中选择直播间要销售的产品，然后下单购买这些产品，或者让品牌方提供一些样品。产品拿到之后，主播可以亲自体验产品，了解产品的使用效果，并记录自己的使用感受。

在直播带货之前，主播一定要尽可能地亲自体验产品，这不仅可以避免因为对产品不了解，而导致直播间被用户问倒的情况出现，还可以熟练掌握产品的正确使用方法，减少直播翻车的概率。

10.2.4　了解产品卖点

大多数用户之所以愿意购买某件产品，通常就是因为该产品的某个或某些卖点打动了他。因此，为了让产品的销量更有保障，主播在选品过程中还要了解产品的卖点，并通过直播将卖点传达给用户。

具体来说，主播可以从两个方面了解和提炼产品的卖点：一是查看产品的宣传内容，从中提炼出产品的主要优势；二是在亲自体验产品的过程中，通过结合自身感受来总结产品打动自己的地方。

10.3　掌握带货技巧

在进行直播带货的过程中，主播还要掌握一些实用的带货技巧，这样才能更好地提高直播间的销量。本节笔者就来重点为大家介绍7种直播带货技巧，让大家快速提高直播间的转化率。

10.3.1　利用卖点提高销量

产品卖点可以理解成产品的优势、优点或特点，也可以理解为自家产品和别家产品的不同之处。怎样让用户选择你的产品？和别家的产品相比，你家产品的竞争力和优势在哪里？这些都是主播直播带货过程中要重点考虑的问题。

在观看直播的过程中，用户或多或少会关注产品的某几个点，并在心理上认同该产品的价值。在这个可以达成交易的时机上，促使用户产生购买行为的，就是产品的核心卖点。找到产品的卖点，便可以让用户更好地接受产品，并且认可产品的价值和效用，从而达到提高产品销量的目的。

因此，对于主播来说，找到产品的卖点，然后不断地进行强化和推广，通过快捷、高效的方式，将找出的卖点传递给目标用户是非常重要的。

主播在直播间销售产品时，要想让自己销售的产品有不错的成交率，就需要满足目标受众的需求点，而满足目标用户的需求点是需要通过挖掘卖点来实现的。

但是，如果满足目标用户需求的产品在与其他产品的对比中体现不出优势，那产品的卖点也就不能称之为卖点了。要想使产品的价值更好地呈现出来，主播需要学会从不同的角度来挖掘产品的卖点。下面笔者就来为大家介绍一些挖掘产品卖点的方法。

1．结合当今流行趋势挖掘卖点

流行趋势就代表着有一群人在追随这种趋势。主播在挖掘服装的卖点上，就可以结合当前的流行趋势来找到服装的卖点，这也一直是各商家惯用的营销手法。

例如，当市面上大规模流行莫兰迪色系的时候，在服装的介绍宣传上就可以通过"莫兰迪色系"这个标签吸引用户的关注。当夏天快要来临，女性想展现自己性感身材的时候，销售连衣裙的商家就可以将穿上更性感作为卖点。

2．从服装的质量角度挖掘卖点

产品质量是用户购买产品时的一个关注重点。大部分人购买产品时，都会考虑将产品的质量作为重要的参考要素。所以，主播在直播带货时，可以重点从产品的质量角度挖掘卖点。例如，主播在挖掘服装的卖点时，可以将商家标明的质量卖点作为直播的重点内容，向用户进行详细的说明。

10.3.2　借助用户树立口碑

在用户消费行为日益理性化的情况下，口碑的建立和积累可以为短视频和直播带货带来更好的效果。建立口碑的目的就是为品牌树立一个良好的正面形象，并且口碑的力量会在使用和传播的过程中不断加强，从而为品牌带来更多的用户流量，这也是商家都希望用户能给出好评的原因。

许多直播中销售的产品，链接的都是淘宝等电商平台的产品详情页。而许多用户在购买产品时，又会查看店铺的相关评分，以此来决定要不要购买直播中推荐的产品。所以，提高店铺的评分就显得尤为重要了。

在淘宝平台的"店铺印象"界面中会对描述相符、服务态度和物流服务进行评分，如图10-4所示。这3个评分的高低在一定程度上会影响用户的购买率。评分越高，用户的体验感越好，则店铺的口碑越佳。因此，主播在选择产品时，应该将产品所在店铺的评分作为一个重要的参考项。

优质的产品和售后服务都是口碑营销的关键，处理不好售后问题会让用户对产品的好感大打折扣，并且降低产品的复购率，而优质的售后服务则能让产品和店铺获得更好的口碑。

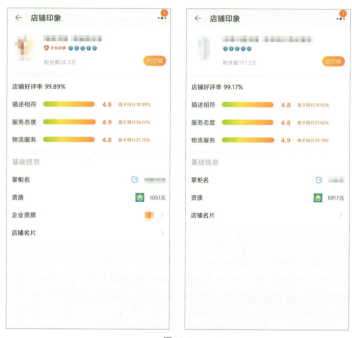

图 10-4

口碑体现的是品牌和店铺的整体形象,这个形象的好坏主要体现在用户对产品的体验感上,所以口碑营销的重点还是在于不断提高用户体验感。具体来说,用户的体验感可以从 3 个方面进行改善,如图 10-5 所示。

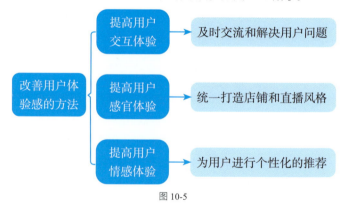

图 10-5

那么,产品的良好口碑又会产生哪些影响呢?具体内容如下。

1. 挖掘潜在用户

口碑营销对用户的购买行为影响重大，尤其是潜在用户，这类用户会询问已购买产品的用户的使用体验，或者查看产品下方的评论，查找用户的使用感受。所以，已使用过产品的用户评价在很大程度上会影响潜在用户的购买欲望。

2. 提高产品复购率

对于品牌和店铺来说信誉是社会认同的体现，所以好口碑也是提高产品复购率的有效方案。

3. 增强营销说服力

口碑营销的产品营销者其实是使用过产品的用户，而不是品牌方，这些使用过的用户与潜在用户一样都属于用户，在潜在用户的购买上更具有说服力。

4. 节约营销成本

口碑的建立能够节约品牌在广告投放上的成本，为商家的长期发展节省宣传成本，并且能为品牌进行推广传播。

5. 促进企业发展

口碑营销有助于减少商家的营销推广成本，帮助商家获得更多忠实的用户，从而推动商家的成长和发展。

由此不难看出，品牌和店铺的口碑对于直播来说是非常重要的。一方面，主播在直播过程中可以借助良好的口碑吸引更多用户下单；另一方面，在直播中卖出产品之后，主播和商家需要做好售后，提高品牌和店铺的口碑。只有这样，用户才会持续在你的直播间中购买产品。

10.3.3 围绕产品策划段子

主播在进行直播时可以策划各种幽默段子，将带货的过程变得更加有趣，让用户更愿意长时间观看你的直播。

例如，在有着"央视段子手"之称的某位主持人与某网红"口红一哥"共同为武汉带货的直播间，就运用了此方法。这场直播中，主持人讲了许多段子，如"我命由你们不由天，我就属于××直播间"。

当主播在直播间中讲述幽默段子时，直播间的用户通常会比较活跃。很多用户都会在评论区留言，更多的用户会因为主播的段子比较有趣而留下来继续观看直播。因此，如果主播能围绕产品特点多策划一些段子，那么直播内容就会更吸引用户。而在这种情况下，直播间获得的流量和销量也将随之而增加。

10.3.4 展现产品自身的实力

在直播的过程中，主播可以展示使用产品之后带来的改变。这个改变也是证明产品实力的最好方法，只要改变是好的，对用户而言就是有实用价值的，那么用户就会对你推荐的产品感兴趣。用户在观看直播时如果发现了产品的与众不同之处，就会产生购买的欲望，所以在直播中展示产品带来的变化是非常重要的。

例如，某销售化妆品的店铺在策划抖音直播时，为了突出自家产品的非凡实力，通过一次以"教你一分钟化妆"为主题的直播活动来教用户化妆。因为一分钟化妆听起来有些不可思议，所以该直播吸引了不少用户的目光。这场直播不仅突出了产品的优势，还教会了用户化妆的技巧。因此，该店铺的这场直播，不仅在短时间内吸引了6000多人观看，还获得了数百笔订单。

10.3.5 比较同类产品的差价

俗话说"没有对比就没有伤害"，买家在购买产品时都喜欢"货比三家"，然后选择性价比更高的产品。但是很多时候，用户会因为不够专业而无法辨认产品的优劣。此时，主播在直播中就需要通过与竞品进行对比，以专业的角度，向用户展示两个产品之间的差异，以增强自家产品的说服力以及优势。

对比差价在直播中是一种高效的方法，可以带动气氛，激发用户购买的欲望。相同的质量，价格却更为优惠，那么这个直播间带货的产品一定会有高销量。常见的差价对比方式就是某类产品的直播间价格与其他销售渠道中的价格进行对比，让用户直观地看到直播间产品价格的优势。

例如，某直播间中销售的办公椅的常规价为110.4元，领券后的价格只要80.4元，如图10-6所示。此时，主播便可以在电商平台搜索办公椅，展示其价格，让用户看到自己销售的产品的价格优势，如图10-7所示。

图 10-6　　　　　　　　图 10-7

从上面两张图不难看出，该直播间销售的办公椅在价格上有明显的优势。在这种情况下，观看直播的用户就会觉得该直播间销售的办公椅，甚至是其他产品都是物超所值的。这样一来，该直播间的销量便会得到明显的提高了。

10.3.6　呈现产品的使用场景

在直播营销中，想要不露痕迹地推销产品，不让用户感到太反感，比较简单有效的方法就是将产品融入场景。这种场景营销类似于植入式广告，其目的在于营销，方法可以多种多样。具体来说，将产品融入场景的技巧如图 10-8 所示。

图 10-8

图 10-9 所示为某收纳箱销售直播间的相关画面。在该直播间中，主播在家中向观众展示了收纳箱的使用场景。

图 10-9

因为在日常生活中，许多人家里的东西都比较多，需要收纳，因此用户看到直播中展示的收纳箱的使用场景之后，就会觉得该收纳箱看上去很不错。这样一来，观看直播的用户自然会更愿意购买该款收纳箱，其销量自然也就上去了。

10.3.7 选用专业的直播导购

产品不同，推销方式也有所不同，在对专业性较强的产品进行直播带货时，具有专业知识的内行更容易说服用户。例如，观看汽车销售类抖音直播的用户多为男性用户，并且这些用户喜欢观看驾驶实况，他们大多是为了了解汽车资讯以及买车才看直播的，所以如果挑选有专业知识的主播进行导购，会更受用户的青睐。

在汽车直播中，用户关心的主要还是汽车的性能、配置以及价格，所以更需要专业型的导购进行实时的讲解。

10.4　本章小结

本章主要为读者介绍直播带货技巧,首先向大家介绍直播带货的 5 步法,分别是取得用户信任、塑造产品价值、了解用户需求、根据需求推荐、促使用户下单;然后介绍直播选品的方法,主播可以从定位、产品销量、产品体验、产品卖点 4 个方面着手,选择拥有高销量的产品;最后向大家介绍直播带货的技巧,以帮助主播快速提高直播间销量。

10.5　本章习题

1. 直播带货的 5 步法分别指的是什么?
2. 产品的良好口碑会产生哪些影响?

Chapter 11

第11章
数据分析复盘

要想打造一个吸粉无数的直播间，除了要在直播间内更好地引导粉丝，还应该在每场直播后进行复盘，分析自己每场直播的数据，优化直播计划，以提高用户的下单率，进而打造一个更具吸引力的直播间。

11.1 转变直播策略

直播数据是反映一场直播好与坏的关键信息，对直播间中的数据进行拆解可以帮助主播更好地转变直播策略，调整直播计划。

11.1.1 用户行为

用户的行为能够反映用户在直播间的转化意向度，通过关注用户的行为便可以初步了解直播间内粉丝的想法，以便更好地进行直播带货。一般来说，用户行为数据主要有 6 种，如图 11-1 所示。

涨粉数据
关注要点：粉丝来源、转粉率
影响因素：直播间引导粉丝的能力、直播间转化路径

场观人数
关注要点：直播间的重复进入率
影响因素：粉丝量大的主播直播间的重复进入率相对较高

停留时间
关注要点：新粉停留时间 45s＋，老粉停留时间 90s＋
影响因素：一方面是老粉的黏性，一方面是留下新粉的能力

互动数据
关注要点：点赞、评论、购物车点击数据
影响因素：直播间的热度以及下一次新人进入直播间的数量

粉丝活跃时间
关注要点：每日、每周活跃的时间
影响因素：直播的时间选取，什么时候直播能吸引更多粉丝

弹幕情况
关注要点：首次发言率、商品相关弹幕率
影响因素：为商品停留的人数、新人进入直播间的活跃情况

图 11-1

11.1.2 经营指标

经营指标能够反映直播间目前的经营情况，因此了解相关的经营指标也能更好地为直播间助力。经营指标主要有 7 种，如图 11-2 所示。

涨粉数据	关注要点：总粉丝增量、直播涨粉数据 影响因素：商家的直播间或账号能否一直有新的粉丝关注
平均停留时间	关注要点：停留时间超过 90% 影响因素：粉丝停留的时间越多，平均停留时间排名便越高
总场观	关注要点：总观看人数有多少 影响因素：基础场观是否有波动，能否满足直播间带货需求
流量来源占比	关注要点：直播间内流量的来源，以及各来源占比 影响因素：影响达人与商家吸引粉丝的途径，进而增加途径
销售额	关注要点：商品的销售额 影响因素：销售额不同，消费者对各个商品的喜爱程度不同
退货率	关注要点：消费者在收到商品后的退货比例 影响因素：退货率影响着消费者收到商品的满意程度
小店带货口碑	关注要点：小店服务的评价、好评、物流评价等 影响因素：小店的评分或主播的口碑评分直接影响平台推荐

图 11-2

11.1.3 带货指标

带货指标直接反映了直播间成交转化的情况。一般来说，带货指标主要有以下 5 种，下面就其进行简要介绍。

- 带货转化率：主要指的是主播转化观众的能力，关键在于能够营造舒适消费环境的场景以及有吸引力的商品。
- 商品曝光率：指的是商品在直播间的观众前展示的次数。商品的曝光率越高，销量也会相对较高。
- 付款率：一般来说，创建订单后付款的比例最好要达到 80% 以上。在直播间内，主播的促单行为能够提高付款率。
- UV（unique visitor，独立访客）价值：指的是平均每个人进入直播间的价值，是用来衡量一个店铺是否成功的标准。

❖ 销售额：销售额受销量和客单价两者影响，主播可以尝试提高宠粉款、爆款的销量，这样销售额也会得到相应的提高。

11.2 灵活运用数据平台

针对直播数据进行分析能够很好地帮助主播调整直播策略，选择更让观众喜爱的商品，从而在下一次直播时吸引更多的观众。本节我们来看一下有哪些数据平台可以帮助主播进行数据分析。

11.2.1 巨量百应

为了帮助主播更好地进行直播带货，全面了解自己直播间的数据，以便下次更好地进行直播带货，巨量百应平台设置了数据参谋板块。目前，该板块主要包括5个子模块，分别为核心数据、内容分析、交易分析、商品分析、商家分析，下面我们便对这些模块做简要介绍。

1．核心数据

核心数据主要包括两个方面，一个是今日业绩，另一个是核心指标。今日业绩主要是主播用来查看当天的成交订单数、成交人数、新增粉丝数、成交金额等数据，如图11-3所示。

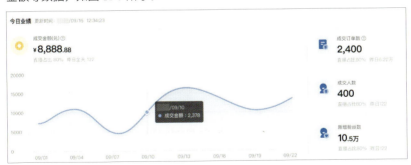

图11-3

核心指标主要用来查看商品总访客数、商品总点击人数、直播间商品点击人数、短视频商品点击人数、成交人数等数据，如图11-4所示。需要注意的是，主播可以选择单个商品，也可以选择多个商品查看。

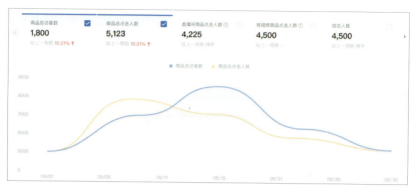

图 11-4

2．内容分析

商品分析模块主要是帮助主播通过了解直播或短视频的整体数据并对其进行分析，从而及时调整直播内容，提升直播带货的变现能力。商品分析模块主要包括直播间概览、今日直播、短视频明细、短视频概览 4 个方面。

直播间概览中主要包括一定时间内的开播场次、开播时长、商品曝光人数、商品点击人数、直播间新增粉丝数等，如图 11-5 所示。

图 11-5

第 11 章　数据分析复盘

今日直播主要是用来查看主播每场直播中的数据，包括上架商品、成交订单、直播期间成交金额、累计观看人数等数据，如图 11-6 所示。

短视频明细主要包括某段时间内的播放次数、点赞次数、分享次数、完播率等，如图 11-7 所示。主播可以选择其中一两个指标进行查看。

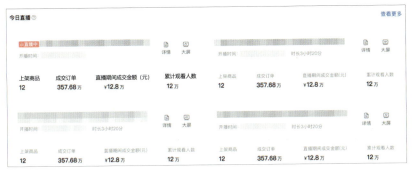

图 11-6

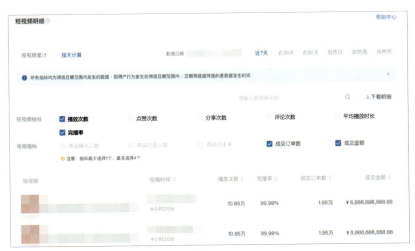

图 11-7

在短视频概览模块中，主播可以看到视频播放次数、视频点赞次数、完播率、商品展示次数、商品点击次数等数据，如图 11-8 所示。

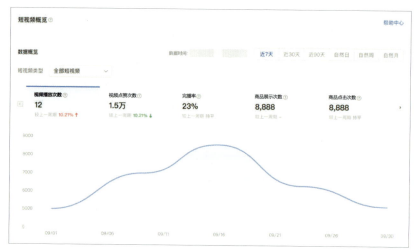

图 11-8

3. 交易分析

交易分析主要包括交易概览、交易构成两部分，其中交易概览主要是用来查看抖音小店和第三方成交相关的核心数据指标以及变化情况等，如图 11-9 所示。

图 11-9

交易构成主要可查看小店成交数据的来源、渠道、粉丝与非粉、新客与老客等方面的占比情况。

4．商品分析

商品分析主要有商品概览、成交详情两个模块。图 11-10 所示为商品分析的相关指标。

图 11-10

5．商家分析

商家分析主要是帮助主播查看合作商家的交易、售后、评价等数据，如图 11-11 所示。

图 11-11

11.2.2 灰豚数据

作为一个专业的数据分析平台，灰豚数据既可以查看单个账号的数据以及运营情况，也可以针对某个直播进行数据追踪，让用户了解直播的实时情况。

此外，灰豚数据还可以查看热门视频以及带货情况等。

图 11-12 所示为灰豚数据首页。可以看出，灰豚数据有 4 个版本，分别是抖音版、快手版、小红书版、淘宝版。

图 11-12

图 11-13 所示为实时直播榜，主播能通过这个榜单了解最热的直播间有哪些，并且可以选择进入同类的热门直播间进行学习。这个榜单主要包括博主类型、粉丝数、人数峰值（预估）、直播商品数、直播销量、直播销售额等数据。

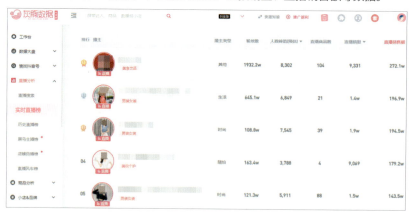

图 11-13

当主播正在直播时，点击头像可以了解当前直播的实时数据。如图 11-14 所示为直播间留存分析模块。主播可以实时查看自己直播间的在线人数、进场人数、观看人数、留存指数、销量（总量）等数据。

第 11 章　数据分析复盘

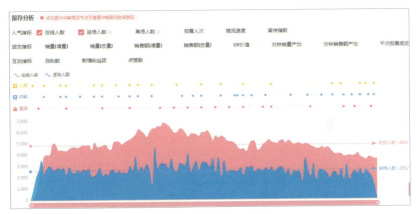

图 11-14

图 11-15 所示为商品分析模块，这一模块主要是针对主播直播间的商品进行数据展示，主要包括转化漏斗、商品分类、价格分布等。

图 11-16 所示为观众画像模块，展示了主播直播间内观众的性别、观众来源、年龄等情况。

图 11-15

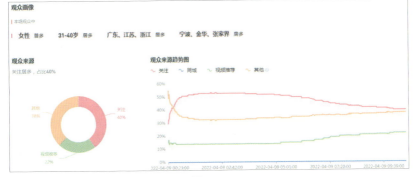

图 11-16

215

11.2.3　CC 数据

CC 数据平台融合了众多的社交媒体营销情报，涵盖了抖音、快手、微博、B 站等多个平台，达人数据、商品数据、直播数据一目了然，让主播能够清楚地了解到自己直播的运营情况。

图 11-17 所示为达人概览，主要包括达人（主播）的信息、数据、直播能力以及带货销量趋势等。

图 11-17

图 11-18 所示为 CC 数据平台中某用户的达人（主播）画像分析，包括直播观众画像和带货短视频观众画像。

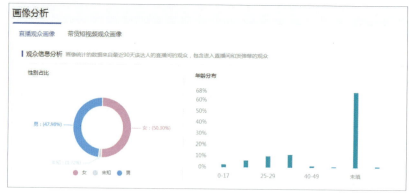

图 11-18

图 11-19 所示为直播列表，显示了该达人（主播）直播的场次，以及每场直播的时长、观看人数等数据。

第 11 章 数据分析复盘

图 11-19

图 11-20 所示为直播趋势，主要展示了主播直播的未来趋势，包括数据概览、趋势图数据等。其中趋势图数据包括直播能力趋势、销量 & 销售额趋势、在线人数峰值趋势、观看人数趋势、上架商品数趋势、商品平均单价趋势、销售单价趋势等。

需要注意的是，CC 数据还有一个直播电商分析板块，其中包括商品、店铺、品类等数据。图 11-21 所示为商品分析页面，展现了销量最高的商品以及商品的最高单价。

图 11-22 所示为复投分析，主要包括商品维度、店铺维度、品牌维度 3 个方面。

图 11-20

直播销售员：如何做好带货主播

图 11-20（续）

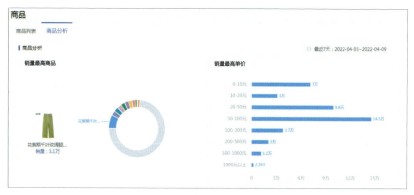

图 11-21

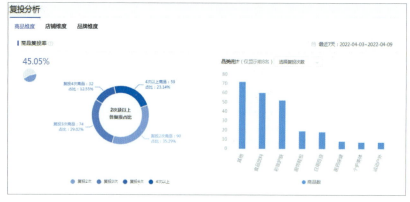

图 11-22

11.2.4 蝉妈妈

蝉妈妈作为一个垂直于全网短视频的数据服务平台，其主要特点是凭借着专业的数据挖掘与分析能力，分析大量热点视频的趋势，进而精准地触及热门视频内容、优质达人账号和爆款视频，帮助主播更好地了解市场变化，提高销量。

蝉妈妈还可以帮助主播实时监控自己和别人的数据，图 11-23 所示为蝉妈妈平台中个人用户的基础数据分析，其中包括直播概览、视频概览、带货概览等。

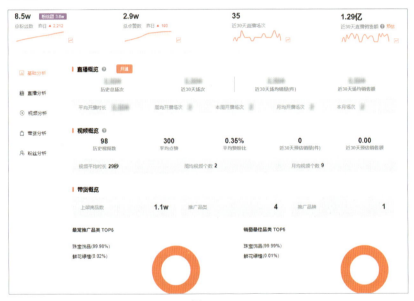

图 11-23

图 11-24 所示为蝉妈妈个人用户视频分析数据，其中包括所有视频数、平均播放量、平均点赞数等。

此外，蝉妈妈还有粉丝分析数据，其中包括粉丝趋势、粉丝团趋势、总体粉丝数据。总体粉丝数据还包括账号粉丝画像、视频观众画像、直播观众画像等。图 11-25 所示为直播观众画像。

图 11-24

图 11-25

11.2.5 抖查查

抖查查，顾名思义，主要针对的是在抖音上直播的主播，其数据主要来自抖音平台。抖查查能够实时监控直播数据，并提供多个领域的排行榜、行业趋势分析等。此外，抖查查还支持多维度数据查询。

图 11-26 所示为某个用户的平台达人分析，其中包括达人直播带货诊断、达人直播带货诊断报告、带货口碑等数据。

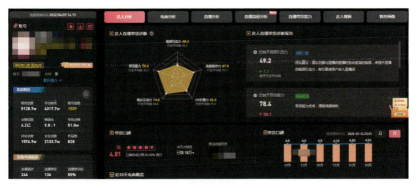

图 11-26

图 11-27 所示为某个用户的达人视频情况,其中包括视频简介关键词、视频数据概览、作品发布时间以及视频时长分布情况。

图 11-27

11.3 优化直播数据指标

直播数据可以反映直播时的许多信息,如直播间观众的喜好、直播观众画像等,因此优化直播数据可以提高直播间的热度。本节将分享一些关于直播优化的方法,来帮助主播更好地进行直播带货工作,提升直播间的数据指标。

11.3.1 图文吸引

从整个抖音直播间的用户购物路径上进行分析,可以分为短视频引流、主播吸引力和主播销售能力 3 个部分,如图 11-28 所示。

直播销售员：如何做好带货主播

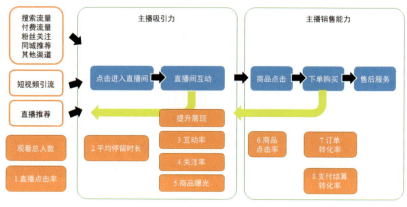

图 11-28

首先，主播要从各个渠道去提升直播间的曝光量，当直播间有了引流的通路后，还需要给用户一个让他点击的理由。在抖音平台，直播的入口随处可见，如"推荐""逛街"和搜索结果等界面。有了曝光和流量后，也就是用户看到了你的直播间后，如何让他们主动去点击进入直播间呢？

因此，点击率是一个非常重要的指标，没有点击率，就谈不上用户的互动、关注和下单。对于直播带货来说，用户最先看到的是直播间的封面和标题，只要这些内容能够让他们产生好的印象，就能够获得好的点击率。

下面介绍一些直播封面的优化技巧。

（1）版式设计：封面图片的整体版面要饱满，一目了然，商品图片的大小和位置要合适，不能有太多的空白。主播可以从多个角度来展示商品，让用户可以更全面地了解商品。

（2）颜色设计：商品的颜色要醒目，要有视觉冲击力，同时和背景的颜色对比要明显，不要在图片中添加太多的颜色，否则会显得喧宾夺主，影响商品的表达。如图 11-29 所示，红色的商品与浅色的背景，层次非常分明，能够更好地突出商品。

（3）符合实际：图片中的商品不能过于设计化，要符合真实情况，同时切忌盗图和照本宣科。

（4）提炼卖点：在设计封面时，可以将商品卖点放进去，这样能够更好地吸引有需求的用户点击和购买，如图 11-30 所示。

除了直播封面图外，标题和福利对于点击率的影响也非常大。优质的卖货直播间标题需要明确直播主题，突出内容亮点。下面为卖货类直播标题的一些常用模板。

- ❖ 模板1：使用场景/用户痛点＋商品名称＋功能价值。
- ❖ 模板2：情感共鸣型标题，更容易勾起用户的怀旧心理或好奇心。
- ❖ 模板3：风格特色＋商品名称＋使用效果。
- ❖ 模板4：突出活动和折扣等优惠信息。

图 11-29　　　　　　　　图 11-30

11.3.2　留住用户

做直播带货，提升用户停留时长和互动氛围是相当重要的，这些数据不仅可以提升直播间的热度，让平台给直播间导入更多的自然流量，而且用户观看直播的时间越长，就越容易下单购买，同时客单价也会越高。提升直播间用户停留与互动的关键因素如图 11-31 所示。

```
                          ┌─ 主播的人设有个人特色，专业度高
提升直播间用户停留 ────────┼─ 直播间场景、商品与主播高度匹配
   与互动的关键因素        └─ 定时设置福袋红包抽奖，氛围热闹
```

图 11-31

例如，在抖音带货直播间内，主播可以引导用户加入自己的"粉丝团"，用户可以通过做任务来增加与主播的亲密度并提升"粉丝团"等级，从而获得各种特权奖励，如图11-32所示。

"粉丝团"是一个连接粉丝和主播的重要功能，是粉丝与主播关系紧密的有力见证，能够有效提升粉丝的停留时长和互动积极性，如图11-33所示。

图 11-32　　　　　　　　　　图 11-33

主播可以通过直播间提供的一些互动功能，来增加和用户的互动频率，不仅能够增加老粉丝的黏性，还可以迅速留住新进来的用户，同时有效引导新关注的粉丝。

例如，主播可以举行一些抽奖、秒杀或者是满减的优惠活动，提升直播间的人气，让现存的用户有所期待，愿意停留在直播间，甚至还可以激励用户分享直播间。图11-34所示为直播间优惠活动。

另外，主播还可以在直播间设计一些互动小游戏，来增加用户的停留时长，这样才能有更多的互动、点击、加购和转化的可能，同时还能为直播间吸引大量的"铁粉"。互动游戏可以活跃直播间的氛围，让用户产生信任感，从而有效吸粉和提升商品销量。

图 11-34

例如,刷屏抽奖是一种参与门槛非常低的直播间互动玩法,主播可以设计一些刷屏评论内容,如"关注主播抢××"等。当有大量用户开始刷屏评论后,主播即可倒计时截屏,并给用户放大展示手机的截图画面,告诉用户中奖的人是谁。

主播在通过刷屏抽奖活跃直播间的气氛前,要尽可能让更多的用户参与,这个时候可以引导他们评论"扣1",提醒其他用户注意。同时,主播要不断口播即将抽奖的时间,让更多用户参与到互动游戏中来。

11.3.3 促成交易

优化转化率是指当用户进入直播间并长期停留后,如何让他达成更多的成交。主播需要熟悉直播间规则、直播商品以及店铺活动等信息,这样才能更好地将商品的功能、细节和卖点展示出来,以及解答用户提出的各种问题,从而引导更多用户在直播间下单。

图 11-35 所示为直播间推荐商品的基本流程,能够让主播尽量将有效信息传递给用户。

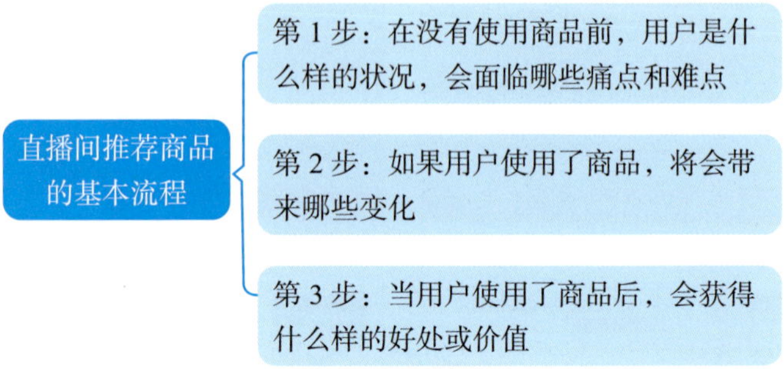

直播销售员：如何做好带货主播

```
                    ┌─ 第1步：在没有使用商品前，用户是什么
                    │       样的状况，会面临哪些痛点和难点
                    │
直播间推荐商品 ─────┼─ 第2步：如果用户使用了商品，将会带
  的基本流程         │       来哪些变化
                    │
                    └─ 第3步：当用户使用了商品后，会获得
                            什么样的好处或价值
```

图 11-35

同时，主播说话要有感染力，要保持充满激情的状态，制造出一种商品热卖的氛围，利用互动和福利引导用户进行下单。

在直播间中，用户的交易行为很多时候是基于信任主播而产生的，用户信任并认可主播，才有可能去关注和购买商品。因此，主播可以在直播间将商品的工艺、产地以及品牌形象等内容展现出来，保证品牌是正品且有保障，为商品带来更好的口碑影响力，赢得广大用户的信任。

另外，主播可以多准备一些用于秒杀环节的直播商品，在直播过程中可以不定时推出秒杀、福袋、满减或优惠券等活动，来刺激用户及时下单，提高转化率。

主播在发布直播间的预告时，可以将大力度的优惠活动作为宣传噱头，吸引用户准时进入直播间。在直播的优惠环节中，主播可以推出一些限时限量的优惠商品，或者直播专属的特价商品等，吸引用户快速下单。

在优惠环节，主播需要做好以下两件事。

（1）展现价格优势。通过前期一系列的互动和秒杀活动吊足用户的胃口后，此时主播可以宣布直播间的超大力度优惠价格，通过特价、赠品、礼包、折扣以及其他增值服务等，让用户产生"有优惠，赶紧买"的消费心理，引导用户下单。

（2）体现促销力度。主播可以在优惠价格的基础上，再次强调直播间的促销力度，如前××名下单粉丝额外赠送××礼品、随机免单以及满减折扣等，并不断对比商品的原价与优惠价格，同时反复强调直播活动的期限、倒计时时间和名额有限等字眼，营造出商品十分畅销的紧迫氛围，让用户产生"机不可失，时不再来"的消费心理，促使犹豫的用户快速下单。

11.3.4 客户维护

对于那些带货时间长的主播来说,肯定都知道维护老客户、提升复购率的重要性。通常情况下,开发一个新客户需要花费的成本(包括时间成本和金钱成本)等于维护 10 个老客户的成本。

然而,新客户为你带来的收入,往往比不上老客户。因此,主播需要通过口碑的运营,做好老客户的维护工作,这样不仅可以让他们更信任你,还会给你带来更多的效益。图 11-36 所示为维护老客户的主要作用。

维护老客户的主要作用：
- 老客户是直播间的生存基础,可以保证基本利润
- 老客户信任度高,可以为主播节省更多时间成本
- 提升顾客群体的转化率,保持长久的竞争优势

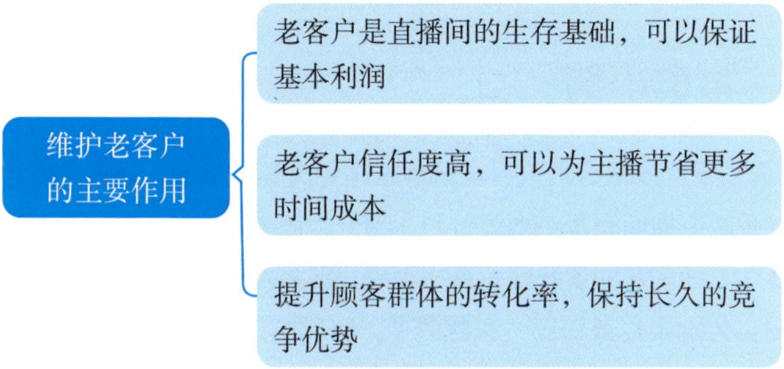

图 11-36

老客户都是已经在直播间下过单或者熟悉主播的人,他们对于主播有一定的了解,主播可以进行定期维护,让老客户知道你一直关心在乎他们,来促进他们的二次消费。

不管是哪个行业,主播都可以通过快速吸粉、引流来短暂地增加商品销量。但是,如果你想要获得长期稳定的发展,并且形成品牌效应或者打造个人 IP,那么维护老客户是必不可少的一环。因此,主播需要了解用户的需求和行为,做好老客户的维护,将潜在用户转化成忠实粉丝,相关技巧如图 11-37 所示。

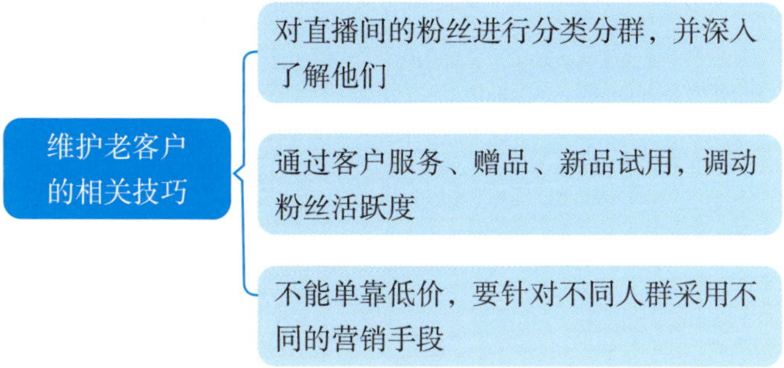

维护老客户的相关技巧：
- 对直播间的粉丝进行分类分群,并深入了解他们
- 通过客户服务、赠品、新品试用,调动粉丝活跃度
- 不能单靠低价,要针对不同人群采用不同的营销手段

图 11-37

运营重点在于利用各种社交平台，来提高老客户的黏性和复购率，这也是突围流量困境的方式。主播可以使用微信公众号、个人号、朋友圈、小程序和社群等渠道，对私域流量池中的老客户进行二次营销，提高用户复购率，实现粉丝变现。

> **特别提醒**　二次营销还有一个更加通俗易懂的名称，那就是"用户经营"，在如今这个新客户占比逐步降低的电商环境下，老客户的重要性日渐凸显。需要注意的是，二次营销必须建立在用户满意度之上，否则无法提高用户的忠诚度。

11.4　本章小结

本章主要从数据分析入手，解读直播中的数据情况，以便更好地做好复盘工作，提高直播间销量。本章分为 3 部分，首先从用户行为、经营指标、带货指标 3 个方面来帮助读者转变直播策略；然后为读者介绍了几个常见的数据分析平台，分别是巨量百应、灰豚数据、CC 数据、蝉妈妈以及抖查查；最后从图文吸引、留住用户、促成交易、客户维护 4 个方面帮助读者优化直播数据指标。

11.5　本章习题

1．用户行为数据主要包括哪几点？
2．一般来说，带货指标主要有哪几种？

习题参考答案

第 1 章

1．答：（1）直播迅速普及与同质化现象并存；（2）主播媒体化、明星化特点明显；（3）内容丰富与泛娱乐化共生；（4）平台竞争加剧、监管难度增大；（5）半碎片化观看；（6）双向互动。

2．答：带货直播、才艺直播、生活直播、聊天直播、搞笑直播。

第 2 章

1．答：自身条件、相互关系、受众观感。

2．答：（1）才艺满满，耳目一新；（2）言之有物，绝不空谈；（3）精专一行，稳打稳扎；（4）挖掘痛点，满足需求。

第 3 章

1．答：传播属性、内容属性、情感属性、粉丝属性、前景属性、内涵属性、故事属性。

2．答：确定类型、设定标签、对标红人。

第 4 章

1．答：规范性、分寸感、感染性、亲切感。

2．答：内容引起观众讨论、引导粉丝主动留言、内容引发粉丝共鸣、提问方式吸引观众、采用场景化的回复。

第 5 章

1．答：铁杆粉丝、一般消费者、娱乐心态者。

2．答：直接介绍法、间接介绍法、逻辑介绍法。

第 6 章

1．答：（1）淘宝账户须通过支付宝实名认证，并注册成为淘宝达人用户；（2）淘宝达人的账号达到 L2 级别；（3）在申请直播权限时，提交一个时长 3 分钟的本人出镜视频。

2．答：直播低门槛、关注主播福利、同城直播、用户购买便捷。

第 7 章

1. 答：货架摆放、悬挂摆放、桌面摆放。
2. 答：主播、助播、数据、场控、客服、运营。

第 8 章

1. 答：多形式直播模式、细化的直播内容、更深的行业内容。
2. 答：娱乐八卦类信息、关注度高的信息、与自身利益相关的信息。

第 9 章

1. 答：利用人数、利用钱数、其他数量、利用年数、利用月数、利用天数、利用小时、利用分钟、精确到秒、成倍表达、用百分比。
2. 答：比喻、拟人、对偶、幽默、用典、灵活运用、引用。

第 10 章

1. 答：取得用户信任、塑造产品价值、了解用户需求、根据需求推荐、促使用户下单。
2. 答：挖掘潜在用户、提高产品复购率、增强营销说服力、节约营销成本、促进企业发展。

第 11 章

1. 答：涨粉数据、场观人数、停留时间、互动数据、粉丝活跃时间、弹幕情况。
2. 答：带货转化率、商品曝光率、付款率、UV 价值、销售额。